*Para Ángel Aguirre(?)
este amigo querido
y excelente crítico
a quien admiro
con mucho amor,*

[firma]

E STE OJO
E QUE ME MIRA

Colección *Aquí y ahora*

Loreina Santos Silva

E STE OJO
QUE ME MIRA

Ciclo I
Memorias

EDUPR
Editorial de la Universidad de Puerto Rico

15 de diciembre de 1996

Primera edición, 1996

Copyright ©1996, Universidad de Puerto Rico

Catalogación de la Biblioteca del Congreso

Library of Congress Cataloging-in-Publication Data

Santos Silva, Loreina.
  Este ojo que me mira Ciclo 1 memorias / Loreina Santos Silva. —1. ed.
   p. cm.
  ISBN 0-8477-0248-0
  1. Santos Silva, Loreina—Childhood and youth. 2. Authors, Puerto
Rican—20th century—Biography. I. Title.
  PQ7440. S28Z47 1995
  861—dc20
  [B]   95-37582
                       CIP

Tipografía, diseño: Marcos R. Pastrana Fuentes

Ilustración de portada: Arq. Anna ~~Sousa~~ Loreina Georas

Impreso en los Estados Unidos de América

Printed in the United States of America

EDITORIAL DE LA UNIVERSIDAD DE PUERTO RICO
PO Box 23322
San Juan, Puerto Rico 00931-3322

Administración: Tel. (787) 250-0550 Fax (787) 753-9116
Dpto. de Ventas: Tel. (787) 758-8345 Fax (787) 751-8785

dedicatoria

Dedico esta obra a mi hija Chloë Sophia porque fue ella la
que sugirió que fuéramos a ver la exposición de Sam Francis
en la National Gallery of Art en Washington. Allí observé
con detenimiento los dibujos de la cara de Sam, reflejando
diferentes actitudes. Son "instantáneas psicológicas" de sí
mismo, que éste hizo a lo largo de su vida. Definitivamente,
el pintor obró bajo el influjo de Jung. Según mi hija, como
arte conceptual, era lo mejor de las exposiciones en la gale-
ría. Inspirada por las caras de Sam, trazo las mías con el
impulso de la palabra.

Contenido

homenaje
a
Isabel Segunda Santos Silva
la tía Chabela

epígrafe

Porque nazco en una fecha sin registro; vivo bajo un signo estelar que no es mi signo; me adjudican un pueblo que no es donde salgo con los puños cerrados a golpear el vacío; llevo un nombre que no es mi nombre; tengo con oficio de padre a los que no me engendran y con oficio de madre a las que no me paren; porque los hermanos no son fieles a la etimología, ni el más grande sector de la familia; porque tengo una patria huérfana de soberanía y son tantos y tantos los desencuentros; porque me acosan las relaciones apócritas ovillando el amor en un largo y acorralado silencio, escribo: "Este ojo que me mira".

L.S.S.

golpeando el vacío

Este ojo que me mira, desde hoy que me paren para hacerme cargo de las múltiples caras de la vida, caras serenas, alegres, tristes, serias, furiosas, abochornadas, contorsionadas, lívidas..., me ve con los párpados cerrados, pero sabe que tengo unas pupilas ámbar, unas lanitas de pelo rubio cenizo y una cara arrugada como una viejita. Nací ahí, en La Milla de Oro, más precisamente, en La Guadalupe. Pero uno no es de donde nace, uno es de donde se cría. Por eso digo que soy de Ciales. Este ojo que me mira percibe la silueta del médico, de la enfermera, las vibraciones amorosas de mi madre y de mi tía Chabela. Este ojo sabe que en estos tiempos a nadie le importa un infierno lo que yo pese, a nadie le importa un infierno lo que yo mida. Mi madre y mi tía me rebuscan a ver si estoy enterita, como lo hacen todas las madres. Este ojo me ve con los puños cerrados golpeando el vacío, armando tamaña gritería porque me van a tirar a esos vientres ajenos: cunas de hospital, cunas de pueblo, cunas de Isla, cunas de universo, me van a tirar a esos puñales invisibles que asestan los golpes del dolor y la alegría. A la verdad que los florones, baquinés y funerales se deben hacer cuando uno nace, a esa desesperante salida, con un fracatán de lloronas que lloren a cántaros el emplazamiento de esta lucha irredimida, de este fuego en que se extingue la última gota de energía. Para joderse la vida. Estoy armando tamaña gritería. Alguien me pone un chupón en la boca. Mi llanto se apacigua.

tanto da la gotera

Este ojo que me mira, muy atento, ve cuando me tiran por la verja. Tengo sólo seis meses. Soy blanca y gorda goyesca. Dicen que leiloleo la escapada de mi madre con soniditos suculentos y a la verdad que no sé por qué tengo cara de alegría. A lo mejor se debe a que he absorbido como esponja la nostalgia de aire fresco porque mi padre encierra a mi madre con candado para que nadie se entere de los conflictos de nuestras vidas. Todo, para amedrentarla, para que no le abandone y le deje con su mal genio expuesto a otras víctimas. Sé que de vez en cuando mi padre le da una paliza. Tanto da la gotera en la piedra hasta que hace un hoyo. Este ojo ve cuando me tiran por la verja. Abajo, con los brazos abiertos, me espera una buena vecina. Soy exilio sin regreso, exilio que salva, exilio para una nueva vida... Soy bebé con la memoria de mi tía Chabela, ella viene de Ciales, ella es la que nos cuida, ella es la que me cuenta las historias de mi infancia como rosarios minados de padrenuestros, salves y avemarías. Me dice niña estoica, niña que ni llora ni bala, niña que alimentan por hora, niña que creen retardada, niña que despierta de su letargo para dejarla pasmada, sorprendida, niña que vino al mundo para que la calumnien a ella diciéndole que la tuvo por San Juan donde oculta la "metía de pata", todo porque siempre ando agarrada a sus faldas, niña culpable de que por poco se quede jamona por una falta jamás cometida... Sí, Chabela es la fuente de todo mi folclor.

hermana, olor de mirto

Este ojo que me mira, me ve cara tranquila, cara serena, cara feliz, cara de mucho cariño y apego hacia la Chabela. Sé que quiere a mi madre como a la luz de sus ojos, siempre dice que era su hermana favorita. En ocasiones especiales mi madre le enviaba tarjetas con versos escritos por ella hablándole en imágenes novedosas. Mi tía recuerda una de esas tarjetas donde mi madre la metaforea: "Hermana, olor de mirto, sabor de estrella...". Por eso cuando saltamos la verja para abandonar al maltratante de mi padre, mi madre le pide a Chabela que venga a cuidarnos para ella poder trabajar y sostenernos. Como su línea es el diseño y confección de ropa, le es muy fácil conseguir empleo. Chabela me baña, me viste, me peina. Se asegura de que se diga que soy la niña mejor vestida de los lugares donde vamos a pasear. Todas las mañanas, bajo mi almohada esconde la rodaja de brazo gitano, envuelto en celofán. Chabela sabe que es mi desayuno predilecto. De ella sólo recibo amor, atenciones; nunca me regaña; nunca me pega, mi mano en su mano se siente muy segura. A veces le hago maldades como la vez que me fui a jugar pelota con los títeres de un barrio de Manatí... Llegó furiosa con una correa de cuero en la mano; pero al ver la acogida de los títeres, al ver el goce, la inocencia del bateo de pelota, se abochornó de su misión punitiva. Esperó que terminara el juego y volvimos a la casa muy contentas. En realidad, no se trata sólo de mí, para la familia, amigos, conocidos y pordioseros Chabela es olor de mirto, sabor de estrellas...

con peces bailándome en las pupilas____

Este ojo que me mira, me ve lela, boquiabierta ante el hermoso espectáculo de la bahía de San Juan. Vivimos en La Puntilla. Por eso este ojo me ve siempre boquiabierta ante aquellos peces arcoiris que me bailan en las pupilas, ante los pelícanos, sabios pescadores del aire, con las sardinas colgándole de los picos, ante los manglares refugio de ostras y pájaros acuáticos, ante los barcos como abejas al panal de la "Perla del Caribe". De la misma manera que la lancha, vaviene, repleta de pasajeros, tocando muelles de Cataño y de San Juan, así mi ojo juega el vaviene entre las bahías, deteniéndose en el fulgor de las orillas o ascendiendo por las alas de los crótalos. Me arrimo a las voces del mar, sus mitos, leyendas, tradiciones. Me arrimo a la vida de esos seres sufridos que se llaman pescadores. Ellos bucean el pan en las costas de este peñón atlante entre dos dispares mundos. A veces, la Chabela y yo nos vamos desde La Puntilla al Casco de San Juan. Este ojo me ve sorprendida, recorriendo, uno a uno, los adoquines como barritas de plomo. Este ojo me ve curioseando las tiendas, asustada por la mágica altura de los edificios, pensando que si se cayeran yo sería tortilla mejicana de maíz adoquinada para un recuerdo trascendente o quién sabe si para un olvido impertinente. Este ojo me ve con túnicas tropicales orilladas con cintas de color. Las hace mi madre para que soporte los calores. Las sandalias me pegan *to the teeth* como dicen los americanos. Llevo un lazote tumbacabeza que es lo que está de moda para las niñas del país. Este ojo pequeñín saborea las historias del pasado en la dimensión infinita de un zaguán, en las manos invisibles adheridas a los marcos de esas puertas siglenarias... Este ojo almacena las imágenes en los saquitos del cerebro para cuando llegue el momento de desbordar los recuerdos...

piojo que engendra su prole de mierda

Este ojo que me mira, me ve frente a la cámara en La Puerta de San Juan. Me ve con cara de odio, de furia, de coraje, cara de desprecio, de un desdén desmedido. Todo porque me han puesto al lado a la abusiva vecinita. No quiero retratarme con ella. Llevo pantalón largo y chaqueta de una tela estampada de parchos de esos juegos a los que le llaman "payasitos". Estoy recortada a lo macho. La culpa la tiene un maldito piojo que decidió engendrar su prole de mierda entre mis cenizos rizos. Hay una epidemia en el país. Todos los niños están cundidos de piojos. A lo mejor el intrépido saltó a mi cabeza de la maraña de mi vecinita. Estoy frente a la cámara, en la Puerta de San Juan. Tengo al lado a la niña vecina, cara de te muerdo, cara de te doy un pinchazo, ésa que me estira los alfileres de mis pestañas con la rabia que tengo de verla a mi lado. La verdad es que la muchachita es mala, maleta, maletoide, maletona, maletísima. Mi madre no entiende mi desprecio, mi madre no sabe que la vecinita es pellizcosa, mordedora, que me saca la lengua y me hace moretones... Mi madre no sabe que la sinvergüencita me mangonea, me quita los caramelos, no me deja jugar con mis juguetes. Yo quisiera verla muñeca de hechizo traspasada de alfileres. Yo quisiera verla San Sebastián mártir con su cuerpo rellenito de flechas, como ése que tiene mi tía en el altar. Sí, se me sale de madre toda la energía negativa. Yo no quiero retratarme a pesar de vivir enamorada de La Puerta de San Juan. Yo no quiero retratarme porque me han puesto al lado a la insoportable vecinita. Y aunque usted no lo crea, luego de muchos años, jóvenes y maduras, nos hicimos grandes amigas...

náusea de los precipicios

Aceleran un motor. Este ojo que me mira me ve con cara saliendo por la ventanilla del carro. Estoy extasiada con el paisaje, ¡Qué verdura, qué exuberancia, qué belleza en los contornos eróticos de las montañas de la carretera de Aibonito! A veces me asustan los precipicios. Madre del Verbo, las vacas, los caballos y los cabros bajo un cielo azul moteado con millares de algodones me distraen la náusea de los precipicios. Mi madre se muda con el amor de su vida a una casa bien grande en el pueblo de Juana Díaz. Mi madre, mujer firme, asertiva, se une a ese hombre delgado, alto, guapo con unos ojazos negros saltones como los tienen los Garmendía. Mi madre, él, mi tía y yo nos establecemos en esa casa. Ahí siempre veo un extraordinario conejo blanco con los ojos como brasas. Parece una liebre de otro mundo. Yo la sigo, la busco, como insecto persistente hacia la luz. La muy intrépida se esconde debajo de la cretona floreada que cubre la máquina de coser. Me ñangoto, curioseo, escudriño pero nunca la encuentro. La maldita liebre siempre se me vuelve nada. No importa que sea real o fantasma. No pierdo la esperanza de poder jugar con ella. Por las tardes, mi tía me lleva a pasear por la plaza. En las vueltas buscanovio que da conmigo, conoce a un tal Mr. Collazo, maestro de escuela superior que es más prieto que blanco, con pelo pasa bien recortado, mucho mayor que ella pero el viejo no es nada de feo. Intuyendo que soy la luz de los ojos de mi tía, el don me regala racimos de quenepas que alimentan mi glotonería y su esperanza. Me veo sentada en un banco de la plaza cara óvalo-corazón, cara de niña chupante, cara de engreída, cara de niña mimada, cara de complacida, cara de una sonrisa fresca y amplia, cara de le hago fiero al mundo entero. Me entretengo con los dichosos bombones del trópico, quenepa va, quenepa viene, mientras ellos platican de cosas de amor. Pasan unos meses, todas las noches

6

volvemos de la plaza a eso de las nueve. Una de tantas, nos sucede algo muy extraño. Nos acostamos. Nadie sabe que hay un borracho debajo de la cama. Empuja las colchonetas con las patas. Mi tía grita, todo el mundo se agita. Salen de la casa a buscar la policía. Yo me ñangoto para ver mejor al tipo. Este ojo que me mira, me ve con los ojos desorbitados, enormes como lámparas. Miro al tipo con cara de curiosa, cara de eslembada, cara de ¿qué haces ahí debajo de la cama? Lo reto con mi inocencia. Atrevido, el borracho me acaricia para la pérdida de la calma, para el desorden sicológico de mis células. Llega el policía, el tipo salta, cuervo en fuga, por la ventana. Ahora soy niña recelosa; animal herido por el miedo; miro más allá de la mirada, ahora mis antenas penetran las distancias. Ahora busco la liebre con mayor perseverancia...

luz de cocuyo

Este ojo que me mira, me ve con cara de todos me quieren por el día y cara de nadie me quiere al caer la tarde. Algo pasa. Mi madre y mi tía se ven preocupadas, distraídas. Son celos con motivo. Una mujer se cita con el guapo de Garmendía en un bar a orillas de la playa. En las noches de luna llena las sombras son un beso largo con el trasfondo de las galaxias. En el rostro de mi madre, luz de cocuyo, hay una lágrima. A la mañana siguiente un camión llega a la casa, se lo lleva todo. Mi madre, mi tía y yo vamos en un carro a la vanguardia, Ponce, Yauco, San Germán... Otra vez los caballos, las vacas, las olas altivas de Guajataca, los túneles rojos de flamboyanes, el río de una orilla lamiendo las rocas escarpadas, naturaleza agreste para el agreste dolor de la desgracia. El carro enfila La Aldea abajo, el camión a la retaguardia. Mi abuela recibe la mudanza. Mi abuela dice asustada, –Ramón no las quiere en la casa. Mi abuela recapacita. No importa, hija, que se quede en la finca con la querida de turno. Cuando se aproxima la visita del abuelo una vez por semana, mis tías corren a esconderme debajo de las camas del vecino. Me veo, al fondo, cara de susto con el corazón acelerado, cara de soledad como la una en el reloj del tiempo, reloj muy lento esperando el salvador ronquido del sueño pesado de mi tirano abuelo. Me veo en las horribles pesadillas cuando los cascos del caballo Palomo dan un grito en el asfalto, el grito retumba en mis oídos, se contorsiona mi rostro por el miedo. Me sigue el estridente pacatás del Palomo, corro como ánima que lleva el diablo, me precipito por un abismo, caigo en un colchón de cielo, rellenito de algodones blancos...

pepa homicida

Este ojo que me mira, me ve con cara de niña sufrida, niña ansiosa, desesperada, estertoreándome bajo las cobijas. La culpa es de la abuela Serafina. La pobre es un ángel, honor a su nombre, pero no entiende que a veces sus advertencias me dan tremendas pesadillas. Sé que no hay mala intención en sus consejos, sé que simplemente no quiere que se me atore una semilla en el tragadero, sé que no quiere que me ahogue, que la Parca me corte el hilo de la vida, sé que no quiere que mi sombra o energía pulule por los astros en espera de la nueva salida... Este ojo me ve estertoreándome con el trauma de la pesadilla. Ay, Serafina, tú me dices que si me trago la pepa de la quenepa, me nace un árbol gigante en la barriga. Este ojo ve las ramas creciéndome por la boca, la nariz, los oídos, las pupilas. Hasta por los poros veo las hojitas. Sí, crecen indiferentes, misteriosas, altivas. La materia vegetal, poco a poco, me asfixia. Este ojo huele el sabor de las florecillas, el agridulce de la fruta apetecida. Soy tronco, rama, flor y fruta... El árbol, boa gigante, me aniquila. Prolifero la semilla. Despierto, ¡Qué sorpresa verme viva! Ay, quenepa, quenepón, quenepita, bombón isleño, olímpica ambrosía, abandono la adicción a tu pulpa. Le tengo terror a tu pepa homicida.

juegos geométricos

Este ojo que me mira, me ve en uno de los ranchos tirada en el piso bajo las guindas del tabaco. Estoy intoxicada, amarilla, babeada, moribunda, con los ojos viroteados. Como en sueño oigo que las tabacaleras cantan: "Una vieja se sentó, encima de un terrón duro, el muerto sacó la mano y la agarró por el culo, que se va el caimán, que se va el caimán, se va para Jurutungo...". Siempre cantan romancillos raros y luego se mueren de la risa celebrando la guachafita. Los romances son incisos al duro trabajo. También las veo fumar los pitillos de picadura de corona. Tienen unos cuadritos de papel de estraza, echan la picadura en el centro de los dos triángulos del cuadro y enrollan el papelito sellándolo con saliva. Le pican con las uñas el sobrante del papel en los extremos del pitillo, lo prenden con un fósforo largote que rayan contra el piso y fuman, fuman, fuman. Las observo cuidadosamente. Inhalan el humo o lo lanzan en círculos que juegan con el aire. Yo quiero hacer lo mismo. En un descuido de las tabacaleras, tomo de la picadura , agarro los cuadritos de papel y algunos fósforos. Me hago mis pitillos, me los fumo poco a poco, extasiándome con los juegos geométricos del humo. Deben ser las cuatro porque oigo, como ruido distante, el chirriar de las puertas de los ranchos. Nadie sabe mi paradero; por eso me dejan abandonada en el suelo con la cabeza extraviada. Ya el sol se está despidiendo. Por las hendijas de los setos entran imperceptibles los esquejes violáceos de la virgen noche. Nadie sabe mi paradero. Me buscan con jachos. No me encuentran. A Chabela se le ocurre que debo andar por los ranchos. Allí reposo, más muerta que viva, entre las quince colillas. Allí reposo, cara de niña enferma, cara de niña amarilla, desganada, desvalida. Desde entonces, soy alérgica al tabaco; me sube como pico de los Andes la vacuna.

10

Este ojo que me mira, me ve saltando con los estertores de un éxtasis erótico acumulado en el recuerdo. Por los tres añitos, pasaba temporadas en la casa del cerro en la finca del barrio Ventanas. Al frente, mi madre tenía un jardín de rosas de todos los colores. Las rosas suplían los altares de la iglesia los sábados por la tarde. A la parte de atrás había un limonero anciano con varios nidos de pájaros y una cotorra safia, pendenciera, solitaria que había decidido hacer su casa en un recodo del árbol. En el tronco el limonero tenía una espina pulida por las inclemencias del tiempo. Parecía un falo en miniatura. De vez en cuando, la cotorra colocaba su sexo en posición estratégica en la dichosa espina. La muy astuta, luego de ensartarse, iniciaba un ritual de carcajadas y aspavientos llamando la atención de mis tías, mis abuelos y los medianeros. Asombrada con la locura de la pájara, le preguntaba a mis tías que le ocurría a la pobre cotorra, ellas me decían que a la mejor presentía mal tiempo. Cada vez que la cotorra le hacía la ronda a la espina, me acercaba sigilosa para ver el espectáculo. Mis tías me repetían lo del mal tiempo, pero notaba en sus caras una irónica sonrisa monalisa. Las engañadoras, las farfulleras, querían decir que la cotorra presentía el buen tiempo. Ahora comprendo por qué se reían en silencio de aquel éxtasis polifónico y cotorrero. Ahora comprendo el talismán de la cotorra; el hervidero erótico de su cuerpo.

entre collares de perlas

Mientras los medianeros se dan a la tarea de atender las siembras del tabaco o las huertas de frutos menores, sus hijos, mis tíos y yo, la benjamina del grupo, nos vamos a un lugarcito bien acogedor, entre mariposas y trinos donde nos entretenemos con toda clase de juegos. Pendiente al placer de la Doña Ana, Arroz con leche, Veo, veo..., Gallina ciega, Pico pico mandorico quién te dio tamaño pico... se nos olvidan las necesidades biológicas de pipicaca. Sabemos que alguien en el grupo está desesperado por ir al baño cuando mueve las piernas de un lado para otro, dando saltitos de mono o se toca el sexo a palma abierta, como queriendo detener las ganas. En uno de los extremos de nuestro lugarcito, hay una peña no muy alta con una pendiente a la parte de atrás. La peña está rodeada de árboles y de éstos se suspenden las matas aéreas de collar de perla –bejucos verdes que echan unas bolitas de un blanco transparente que se parecen a las ristras de cuentas que vienen preparadas para hacer collares. Los bejucos hacen el perfecto oficio de una cortina que da al ambiente privacidad de letrina. Como nos queda mucho más cerca que la casa, por no alejarnos del jolgorio, ahí hacemos nuestras apremiantes necesidades biológicas. Afortunadamente, los niños jíbaros de esa época no son maliciosos. A ninguno se le ocurre velar al que está en el trono. Además, por si las maduras, vamos de dos en dos, uno se queda de guardián frente a la peña mientras el necesitado hace su oficio. Cuando siento que se me revienta la vejiga; me voy a la peña y me ñangoto a hacer mi necesidad. Este ojo que me mira, me ve con cara fruncida cuando empiezo a orinar o a lo otro que me callo. Este ojo que me mira, me ve con cara feliz cuando termino porque quiero irme a jugar. Por supuesto, antes me limpio el trasero con hojas del umbelífero cadillo como lo hace cualquier hijo de vecino, porque lo de

la tusa, nada de eso porque me raspa el ano. Todos entende-
mos que la peña cortinada ha sido el gran descubrimiento por-
que nadie, absolutamente nadie, óigalo bien, tiene el privile-
gio de hacer su pipicaca entre collares de perlas.

mamita peregrina _____ /ℓ

Recuerdo mi cara de niña inocente, niña dichosa, niña afortuna-
da, niña de aún no me ha herido el aluvión de puñales que nos
asesta la vida para destrozarnos la calma. Mamita Moncha, tú,
mi bisabuela querida, y yo, caminábamos por los campos delei-
tadas con sus maravillas: el rojo fulgor de las amapolas silves-
tres cuando despierta la mañana, las orillas del río florecidas de
pomarrosas y campanas, las corrientes cantarinas de las aguas,
los místicos árboles en comunión con las nubes, las
onomatopeyas de los grillos y los sapos, las canciones de los
pájaros en una orquesta matinal insospechada. Mamita, de tu
mano, el ara de mi tierra era una fuente sana. Recuerdo mi cara
inquisitiva ante el nido, con los tres polluelos, tirado en la hú-
meda grama y la desesperada reinita-madre salta que te salta
alrededor de sus piantes pajaritos. Tú me dices que el viento le
ha volado el nido. Mamita, tú me trepas en tus hombros, y le
engancho la bola de paja en la rama que me queda más cerca-
na. Al amparo sublime de tus manos seguimos la ruta habitual
por las fincas Las Archillas y Ventanas. Tú llevas el afilado
machete para el corte y la siembra de los esquejes. Me dices,
mientras entierras la punta de corte diagonal en lugares es-
tratégicos, –Ves, Lori, así se propagan los árboles para que
nuestro campo un día sea el más bello de esta tierra. Te imito.
Todos dicen que estás loca porque deambulas por los sembrados
para enterrar, con la incesante siembra de los esquejes, la demencial
nostalgia del abuelo. Te sientes sola, lo sé, sólo hay que ver tu
ausente mirada. Hace mucho tiempo que tu marido anda por las
zonas astrales. Dicen que estás loca porque, a veces, hablas un
lenguaje que no entienden. Viniste de los Países Bajos; viniste en
el mismo barco del bisabuelo, papito Mingo, tu primo hermano.
Tú de once, él de diecinueve. El te dijo: –Cuando seas mujer me
caso contigo. No en vano se dice que entre pariente y pariente

14

anda la cosa caliente. Se casaron cuando tenías apenas catorce años. Como dice el jíbaro, batata que está para uno, no hay ratón que se la coma. Papito Mingo era como tú de alto, tipo mediterráneo, reconcentrado y apacible. Devoto de tu amor, de los animales y de la siembra de los campos. Le había atraído tu esbeltez, la melena mozambique que enmarcaba tu rostro perfilado. Le volvían loco tus pícaros ojos y el gorjeo de tu voz cuando entonabas los mulerías y aguinaldos. Tú y él se amaron con uno de esos amores que rinden más allá de la muerte. Dicen que estás loca pero yo no lo creo, a pesar de que hace muchos años que me prometes y prometes una cartera roja. Yo sé que siempre la echas al olvido. Y es que tú sabes que desde muy niña, ando como Petunia, con cartera en mano. No estás tan loca, te percatas de cómo me gustan. Tengo una color de rosa, una amarilla y una blanca. Sabes que la roja me hace falta. Mamita, viejita inmaculada; siempre llevas un delantal blanco orillado con volantes, con un bolsillote en el centro. La costumbre la trajiste de Holanda. Tu bolsillo, al final de nuestro paseo, va florecido de margaritas silvestres que recoges para mí. Tú me entiendes porque sabes que las quiero para los floreros de mis muñecas. Tú me entiendes porque amas las flores. Mamita, radiante peregrina, es imprescindible que sepas, que aquellos caminos recorridos al amparo de tus manos, son un manojo de versos. Aunque sé que cuando te ataca la nostalgia del abuelo te trepas en un peñón; insultas a la abuela Serafina con palabras requete profanas; te trepas al peñón a hacer cuentos colorados como el del peón que mandaste a buscar huevos para la crema de fécula y por unirse a un montón de peones noveleros, que estaban pendientes al padrote que le echaron a la vaca pinta, cuando el toro finalmente la agarró, aplaudió con la funda de los huevos haciendo tremenda tortilla. El pobre vino llorando porque no tenía dinero para reponer los huevos. Pero lo lindo de todo esto es que imitas los brincos y la alegría del viejo, con una funda imaginaria entre los dedos, cuando por fin el toro y la vaca copulan; te trepas en el peñón y cantas romances picantes a toda garganta: Yo canto por la pirulla/ canto por el pirullón/ y también por el montón/ que tiene la hermana tuya... Mamita, aunque mis tías insistan en tu locura, en tu compañía, el ara de mi tierra era una fuente sana.

yo misma no me lo creo

De vez en cuando, el abuelo le presta el Palomo a mi tío Luis, que tiene tremendo guille de jinete. Sólo le teme al cruce de la quebrada donde a veces el caballo se le emperra. Desafortuna- damente, si queremos jugar con los hijos de los medianeros, tenemos que cruzar la quebrada. Mi tío siempre me pide que me suba al anca y yo, la muy alebrestada, no le dejo terminar las palabras. Todo porque los medianeros tienen la mar de hijos y por las tardes queremos jugar con ellos. A la verdad que la pasamos rebién con la retahíla de corros y cuentos. Salimos antes de caer la tarde desde la casa del cerro desesperados por estar al minuto en el barullo de los juegos. Este ojo que me mira, me ve con las greñas peleando con el viento, la cara y el cuerpo contraídos, agarrándome bien a la chaqueta de mi tío. Vamos a las millas del chaflán; pero a un paso falso del Palo- mo, me voy de bruces a un pozo de la quebrada. Ni lloro, ni me quejo. Mi tío se desmonta; niño nervudo, niño fuerte, me saca del agua. Estoy hecha una verdadera calamidad; pero no retro- cedemos, ambos somos firmes en nuestros propósitos, por eso seguimos el viaje como si nada. Sólo nos preocupan los corros y los cuentos. Mi tío Luis cuando se concentra en alguna activi- dad, se juega con el mechón de pelo hasta hacerse un largo rizo; saca la lengua como un cordero por eso todos le llamamos el borrego. A él no le da coraje, lo toma como parte del juego. Mi tío es bueno y muy respetuoso de los compañeros de juego. A mí, como tengo pecas, me dicen la matilana. Por lo menos me salvo del mote, "pollo búlico" que suena mucho más feo. Sabe- mos que Toñita, la medianera de los grandes ojos verdes, con un corazón de melao, madre de algunos de los chicos con quie- nes jugamos, me baña, me pone alguna muda extra aunque me baile en el cuerpo y rápido nos unimos a la juerga. La muy buena de Toñita me lava la ropa y la pone a secar al viento. A todos nos sirven una sopa larga de bacalao con un canto de pan. Yo, a pesar de que en la casa de los abuelos no me la comería, juro que me sabe a gloria de la que reparten en el cielo. Jugamos hasta que cae la noche y a veces seguimos jugando con la luz de un quinqué o de una fogata que hacemos entre todos. No se nos queda ni un corro del folclor. San serení, a la buena, buena vida... Una noche a mi tío le entra tremendo miedo porque en la sesión de cuentos aluden a las cadenas que arrastran los muertos en la quebrada que tenemos que cruzar. A los caballos se les erizan los pelos; se paran en las patas traseras dando espuluznantes relinchos como si vieran una turba de muertos. A los relinchos se unen los graznidos de montones de aves de mal agüero. Si uno es testigo del percance, las calenturas y las canilleras le duran una cuarentena. Mi tío está zurrado, no hay vaca sagrada, dios de Olimpo, santo cristiano, o guille de jinete que le hagan volver, en horas de la noche, a la casa del cerro. Yo le digo que quiero oír las aves, que quiero ver a los muertos aunque yo misma no me lo creo. Mi tío se hace el que no me oye, el muy fresco, pide posada a los medianeros sabiendo que no hay cama para tanta gente. Los chicos nos ceden los petates de hojas secas de plátano y guineo. Antes de acostarnos, nos sirven un chorote que preparan hirviendo la paja de maíz que queda en el tamiz cuando ciernen el gofio. La hierven con leche, azúcar y canela. Todos hacemos fila con el tazón esmaltado de porcelana con flores a todo color. Después del chorote, a la cama. Esa noche estreno un nuevo dormidero. Sueño que hay miles de lechuzas en las riberas de la quebrada acompañando con sus graznidos el chirriar de las cadenas. Están fascinadas con la procesión de muertos. El Palomo relincha, nos tira al suelo. Este ojo que me mira, me ve boba, con la boca abierta. Yo también estoy fascinada con el chirriar de las cadenas, los graznidos, los relinchos, la larga y sorprendente procesión de los muertos... Abro los ojos, en el bohío hay un cerrado silencio.

juro que los aromas elevan mi energía...

Este ojo que me mira, me ve parada en la punta de los pies para poder mirar por los túneles del fogón de cemento empotrado en el centro de la inmensa cocina de mi abuela Monse. La vieja casona de cuatro aguas, con un glasis inmenso por terraza, está varada en el barrio Barahona de Morovis. De la casona me fascina el fogón y del fogón me fascinan esos túneles que cruzan a lo largo y a lo ancho a través de los que contemplo los sorullos de maíz envueltos en hojas de guineo, plátanos verdes, maduros y batatas que se están asando en las cenizas calientes que caen de las tres hornillas de carbón vegetal del que hacen en las chimbas. Este ojo que me mira, me ve siempre que se acerca la hora del almuerzo o la comida en ese lugar mágico donde se guisa, en ese lugar mágico donde se prende la tertulia entre las mujeres de la familia. Allí los maridos infieles, jóvenes casaderos, mujeres preñadas, chistes funerales, festejos de última hora, cuentos parapelos de montes y quebradas. A la parte de arriba del fogón, suspendido del techo con un tejido de macramé, está un tremendo tamiz lleno de salchichones, bacalao, jamones, tocinos, arenques ahumados, chorizos... Uno de los setos lo recorre un gavetero de cedro donde guardan quesos, vinos, licores, vajillas, cristales y mantelería. En la superficie que sirve de mesa se alínean los canastos de frutas y verduras. Este ojo que me mira, me ve recogiendo tomatitos de rana, pimientos, ajíes dulces, cilantrillo, recao largo, cebollines y otros aderezos que le echan a las comidas. Cuidadosamente los coloco en uno de los canastitos que están sobre el gavetero. Las gavetas expiden un penetrante olor a raíces de pacholí que me enerva el espíritu. En otro de los setos cuelgan calderos, sartenes, ollas, cazos de todos los tamaños, cucharones, guayos, coladores, bateas, ditas, jatacas de higuera y de coco... En una esquina está el imponente cántaro de barro montado en un gigante trípode de hierro pintado de verde donde se refresca el agua. Un cucharón sopero, que se usa para sacar el agua, siempre a la mano del peón sediento, le cuelga del borde. El mareo, provocado por el hambre y los aromas del ambiente, me afila los dientes de las células. Y es que los calderos y las ollas emanan penetrantes olores a orégano, comino, laurel, chalota, ajo y otras hierbas y especias culinarias que me sacan de cuajo las ganas de comer. ¡Cómo te recuerdo arroz con carne de cerdo, asopao de pollo, guisado de bacalao con berenjena, relleno de queso con pasitas, almendras y picadillo de huevo! ¡Cómo te recuerdo canelita del arroz con dulce, mazamorra, gofio de mis desvelos! Oigo las cocineras echando la pizca, el chin o los chinchines. El estómago se agita, la nariz se errecciona, la boca empieza a salivar y el hocico se alarga husmeando los cocidos... A veces, en esas mismas hornillas, hierven las plantas medicinales que usan para tes, lavados, baños o cataplasmas que alivian resfriados, dolores e hinchazones. Todos los condimentos y plantas de remedios salen de las hortalizas de mamita Monse. Cuando los cocimientos son para remedios caseros el ambiente se purifica con la ruda, sándalo, menta y hierbabuena. Allí los duendes, cogidos de la mano en puro aquelarre, rondan el cocimiento alistándose para las mágicas curaciones. Juro que los aromas elevan mi energía a ignoradas dimensiones...

matacán _____ /5

Ese ojo que te mira, abuela Serafina, te ve suplicándole al abue-
lo Ramón que te compre una casa en el pueblo. A tu machaqueo,
consigue la de La Aldea. Tú quieres que todos estudiemos y no
es fácil bajar de la casa del cerro en el barrio Ventanas por esa
serpiente superempinada que nos lleva a la orilla del río. Allí
nos espera el botero, un Caronte para los vivos. Cuando llueve
como tetas de vaca, este ojo que me mira, me ve bajando el
resbaloso camino. Parezco un robot debido al peso del barro
que llevo pegado a los zapatos, soy un asco. Al salir del bote,
luego de cruzar el alborotado río, Chavela me ayuda a cambiar-
me los zapatos, a retomar el aliño y las dos enfilamos camino a
la Francisco Coira. Como el viaje es largo, en los primeros
meses, casi siempre llego tarde, cuando nos vamos acercando,
escucho el coro de los niños, "Mi escuelita, mi escuelita, yo la
quiero con amor, porque en ella, porque en ella, es que aprendo
la lección...". Qué pena que al abuelo no le haga mucha gracia
que nos mudemos al pueblo; es un jíbaro matacán como le lla-
ma mi tío Chago, pero creo que debe buscar otro nombre que le
caiga mejor porque el viejo embiste como si tuviera cuernos.
Es un jíbaro buey que quiere a sus hijos para el labrantío de las
tierras y las faenas del tabaco. No lo entiendo, el viejo no es
bruto. Se ha leído todos los libros de medicina que le dejó en
herencia su gran amigo Juan Roure. Ahora mi abuelo matacán
cura a todos los pobres del campo y del pueblo. La gente le
atribuye magia. La gente lo quiere, con locura. Pero Matacán es
un viejo seco. No recuerdo una caricia ni para mí, ni para mis
tíos. Sólo lo he visto sobar las nalgas a las queridas. Abuela, tú,
mujer visionaria, sabes que la educación es el futuro de la Isla.
Tú, mujer visionaria, intuyes que los americanos se atragantarían
toda la tierra. Claro, el viejo es pro-soberano. Por culpa de él, el
tío Chago se vuelve borrachón. Con sus cuatro puntos de pro-

21

medio, mi tío quiere ser abogado. Pero al viejo matacán, digo, buey cornudo, no le sirven de nada las súplicas de los maestros ni la beca prometida. Chago le repite, faltándole al respeto de la rabia que tiene, que le da pena martirizar la tierra hoyándola. Chago le repite que la tierra no le ha hecho nada. El viejo permanece sordo como una tapia. Ese ojo que te mira, abuela Serafina, te ve suplicando, implorando, insistiendo... A tanta insistencia, matacán y todo lo demás, el viejo te complace. A lo mejor quiere su libertad porque a los pocos días de tu mudanza al pueblo, se llevó a una de las cuatro queridas a reemplazarte en Ventanas. Mi madre dice que le chupan la plata. A la Juana, la que tiene instalada en el pueblo le amuebló la casa al último grito de la caoba. Mi madre, mujer de armas tomadas, llevó un camión y limpió la casa. Ahora los torneados María Teresa están en nuestra sala. La familia sabe que el viejo es un semental. Estos mis oídos pequeñines escuchan, sin querer queriendo, de boca de los medianeros el escándalo de la barriga de la hijastra; unos le llaman barriga de espuma de leche recién ordeñada, pero otros le llaman barriga de la espuma del viejo. El tío Chago, totalmente enfurecido, le prendió fuego a la casa del barrio Ventanas. Por lo menos, lo hizo en un momento en que estaba vacía. Las llamas subían a la bóveda del espacio con chisporroteos que hablaban de desamor, desprecio, desencanto. No importa, ya no cruzamos el río, ya tenemos otra casa. Ahora no llego tarde a la Francisco Coira, ahora soy parte del coro, "Mi escuelita, mi escuelita, yo la quiero con amor...".

la Jota quieren que baile

Este ojo que me mira, me ve al centro de la sala llena de gente, con una cara excitada y sonriente, cara extasiada por la música de "La jota" que invade el ambiente, cara de me veo reflejada en el espejo de la consola de caoba y mármol. Llevo traje de tafeta roja con volantes orillados por la máquina de hacer trutrú; llevo unos lazotes rojos a cada lado de mis canos rizos; llevo zapatos de charol negro con trabilla en el empeine. Me veo "cucas monas" zapateando a lo española: "La jota quieren que baile, la jota yo no la sé. Por darle gusto a mi amante, la jota la bailaré. Dámele betún, dámele betún a mis botas, dámele betún, dámele betún que están rotas...". Remeneo mi cuerpo como bailarina experta, cadera para aquí, cadera para allá, zapateo para el frente, zapateo para atrás. Contagio al público para el estruendoso aplauso y para el besito de la Chabela. Madre, soy niña feliz, pero echo de menos tu presencia en la sala. Tú estás muy enferma, muy débil para abandonar el lecho; pero por lo menos intuyo que te ríes con los ecos, que aplaudes todas mis osadías con tu pensamiento. Madre, no trabajo gratis, la audiencia me ha prometido una peseta para cuando el pregonero del cucurucho de maní, las rosetas de maíz o el carrito limbero, con el tilín tilín de sus campanitas, con el tilín de mi golosa alegría, baje la cuesta de La Aldea. Recuerdo aquel día que bajó primero el revendón que pregonaba. –Huevos frescos y detrás le seguía mi limbero: –Chupa y lámelos... Mis tías, muertas de la risa, no me dejaban salir a la calle a buscar mi límber y tuve que luchar con ellas para que no pasara de largo mi carrito limbero. Los sonidos de la Jota penetran las paredes. "La jota quieren que baile..." Madre, muchos años después he comprendido la razón de aquella risería de mis tías...

las muñecas saben el secreto de mi poesía

Este ojo que me mira, me ve cara muy seria, cara de mamá con delantal blanco, porque quiero imitar a la mamita Monse emigrada de Holanda. Me ve, cara de mamá que le sirve la regia comida a las muñecas. La sopa de entrada, carne, arroz con habichuelas y ensalada. Mi padre vino para Los Reyes Magos, me trajo cinco juegos de té. Todos importados del Japón y de la China, por supuesto, por la vía del soberano. Mi abuela reparte cuatro de ellos a otras niñas que se quedaron sin Reyes y me permite escoger el que más me guste; opto por uno lleno de capullitos de rosas. Quiero que la mesa de mis muñecas, con su mantel de pañuelito blanco, me quede a pedir de boca. Arrastro un taburete, me trepo, le robo a mi madre algunas margaritas de las que ponen los sábados en el medio punto que divide la sala del comedor. Las quiero para mi florero de frasquito vacío de mercurio, florerito, para mi fantasía, cristal de Murano o de Valencia. Mi madre me tuesta las nalgas. Me veo cara de lágrima viva, cara de humillada, despreciada, vituperada con una vergüenza que me arrastra la cara por el suelo. Es la primera y última vez que mi madre me pega. Me callo como callo tantas cosas para los callos de mi piel y mi esperanza. No le digo a mi madre que mis muñecas quieren esas flores en el frasquito que va sobre la mesa. No le digo que mis muñecas saben el secreto de mi poesía.

tacto sin tacto sobre mi desolado cuerpo

Este ojo que me mira, me ve cara triste, cara compungida, atribulada la célula, atribulada la energía, con una frustración que no conoce orillas... Me detengo en la entrada del cuarto donde yace mi madre muy enferma, desvalida. Ya no puede levantarse, la naturaleza, con su inexplicable dechado de imágenes surrealistas, la mantiene ovillo de huesos en un rincón de la cama. En realidad, yo no sé que está emplazada de muerte, que pronto ha de llevarse las estrías electromagnéticas de su complejo de energía a rondar por riberas astrales desconocidas. Si lo supiera no sabría decir cuántas caras de protesta y de reniego pondría en contra de dioses, diosas, vírgenes y mártires, incluso esos que canonizan por pura tontería. Yo no sé cuántas caras de dolor y rebeldía pondría, hora tras hora, día tras día. Si lo supiera, desataría un tremendo pataleo que enloqueciera a las huestes celestiales más potentes y se vieran obligadas a concederme el milagro de su vida. Me detengo en la puerta del cuarto. Hay órdenes de no pasar de la entrada. Sólo puede hacerlo Chabela, con una máscara para protegerse del bacilo porque dicen que el maldito se lleva a la gente en retahíla. Ella la baña todas las mañanas y la remonea con los afeites de moda. A la hora de las comidas la veo con la bandeja que le trae el caldo de paloma o de gallina... Oigo que quieren internarla en un hospital que hay en el Cerro Las Mesas. Mi madre no quiere; le ha perdido la ilusión a la vida. Los golpes le han borrado aquel intenso brillo a sus pupilas. Hay órdenes de no atravesar el dintel de su alcoba. Yo no me detengo, sólo espero a que nadie me esté velando y voy en puntitas, a recoger el dinero que me da mi madre todos los días. Ese dinero es nuestro secreto, nuestro sagrado vínculo, el tacto sin tacto sobre mi desolado cuerpo, ese dinero me hace pichón bajo su vuelo, verso sin verso, pacto tan allí a la entrada de su lecho, pacto que hacemos las dos en cerrado silencio... Tomo el dinero, me despido con un fuerte abrazo sin abrazo, con un beso sin beso, con un largo cariño que va desde mis ojos a su cuerpo porque la quiero más allá de los cielos. Sola, me voy al colmado de Juan; me compro un tremendo bizcocho bombotó con una pasa en el medio que parece el ombligo del universo. Me encanta su saborcito a melaza mezclado con los cereales calientitos de cebada, arroz, leche y canela que nos dan a las diez de la mañana en unos tazones designados para la merienda de los nietos. Todos acuden a la mesa como gorriones a las guindas de ñame que cuelgan de los árboles. Yo, la primera entre ellos, pero mi pacto, tacto sin tacto, beso sin beso, es un largo y acorralado silencio...

Madre, ese ojo que te mira, te ve la muerte en la pupila. Te ve la muerte, hija de la noche, hermana del sueño, regocijada en la vendimia. Ese ojo te ve la muerte, uñas asesinas en el azogue transparente de tus ojos, viajera con regreso, en eternas despedidas. Tú la ves, guadaña inequívoca que se acerca para el corte, para el cambio, para la irremediable salida... Ese ojo que te mira sabe que vas a morir. Por eso abandonaste a Garmendía, una esperanza perdida. Estamos en la casa de La Aldea. Sabes que el abuelo no quiere a tus hijos ni en los estrechos predios de la cocina. Por eso a la hora misteriosa entre la noche y el día cuando los rayos entre naranja y achiote empiezan a filtrarse por las ramas negrecidas, en puntillas, abandonas el lecho, me tomas de la mano, me llevas a las millas por la cuesta del río hasta la calzada que entorpece la corriente enfurecida. Este ojo que me mira, me ve de unos cuatro y medio, pequeña, desvalida, saltando como garza, no puedo nivelarme con tu prisa. No ves a nadie, no saludas. Pilar, la tabacalera, en su ventanita miserable, Pilar, Pilarcita, flaca, arrugada, chiquita te dice adiós, la mano se le descabrita. No la ves, no la miras. Vas demente. En el delirio de tu fiebre hay una idea fija. Te tragas la cuesta, no tropiezas ni siquiera en la calzada que te lleva al hondo charco homicida. Pilar te lee la idea, nos sigue muy de cerca, sigilosa, tranquila. Me le quedo mirando, me retraso, mis ojos se agarran fuertemente a sus pupilas. Tú me arrastras hacia abajo, mi cuerpo se va hacia arriba. Pilar detrás de nosotras, descalza, de prisa, perseverante, decidida. Llevo túnica blanca de las que me ponen en verano para combatir la sofocante brisa. Me esfuerzo por ir a la par de tus pasos, brinco, salto, me rezago. Pilar ha visto el esqueleto rosa con su lengua de vidrio estirada y agresiva a tus espaldas y a las mías. Me lame las costillas. Pilar nos sigue a una distancia atrevida, salta las piedras de la calzada, ve cuando tú, madre, me sumerges en el charco. Pilar grita, se tira al agua, me devuelve en sus nervudos brazos a la orilla, pide auxilio armando tremenda gritería. Madre, a ti también te salvan la vida. Nadie sabe que no te importa ni la tuya ni la mía. Nadie sabe que el abuelo no nos quiere ni en los estrechos predios de la cocina. Te lo ha dicho, no recuerdo si con uno o más carajos. Tú sufres en forma innombrada el desprecio a tu semilla. Me prefieres muerta a niña vituperada, mal querida. Nadie puede llamarte homicida, sólo agapicida. Por amor quieres llevarme contigo a las arcanas maravillas...

agapicidio #2

Son las siete. Los objetos se nublan con el impacto de la noche. Son las siete. Mi madre no olvida los agravios del abuelo. El viejo es duro, vengativo, no perdona. Repite con carajos terminantes que no nos quiere en la casa ni a mí, ni a mi hermano. Quiere decir a mí porque hace tiempo que mi hermano vive con mi padre. Unos nacen con estrella y otros se estrellan contra los muros de la vida. Son las siete. Mi madre está al borde de la muerte. No duerme, sufre, se queja... Mis tías se turnan para velar su agitada agonía. Esta noche está de guardia la tía Ana. Mi madre no puede dormir. Una idea fija le invade el cerebro. Piensa, me estoy muriendo; voy a dejar a mi niña desamparada y lo peor, mi padre no la quiere en la casa. Mi madre guarda una gubia debajo de la almohada. Nadie conoce su secreto. Mi madre se incorpora, se sienta al borde de la cama, me llama. A un descuido de mi tía, me le acerco. Como puñal de asedio, la gubia agapicida quiere matar mi tiempo; la gubia agapicida quiere silenciar mi voz. La tía Ana recupera su puesto; la agarra fuertemente por la mano de la gubia deteniendo el intento. Su grito corta el espacio. Las mujeres de la casa se abalanzan sobre el delirante cuerpo de mi madre. Todas luchan por arrebatarle la gubia. La tía Ana me agarra por las piernas; me arrastra con un brutal esfuerzo. Soy un camino a la vida entre piernas y faldas. La gubia cae al suelo limpia, pura, virgen, espejo de la gracia. Madre, no entiendo nada. A tu reclamo, me echo en tus brazos en busca de ese amor que nos salva. Madre, aquel parto de gritos perdido en la distancia, todavía se me agolpa como un taco en la garganta...

no hay palabra que mida el vacío

Este ojo que me mira, me ve con cara estática, cara de no se me mueve una célula, cara de piedra. Estoy tiesa como una estatua de la antigüedad fenicia. Me escondo en un rincón secreto. Madre, se trata de un espacio pequeño entre la puerta que da a tu cuarto y la alacena donde guardan la cristalería. Es un cubujón ideal para la niña espía. Observo, sin parpadeo, por la hendija los rituales del baño con agua de rosas que te dan después de la muerte. Tú también pareces una estatua fenicia. Observo cuando te colorean las mejillas con agua de mercurio cromo, te empolvan con Maja, te ponen un carmín rosado en los labios ya morados por la fuga de toda la energía. Observo cuando te visten con un camisón blanco adornado con encajes de mundillo, te ponen una cofia que hace juego con el camisón. Quedas monísima, una pena que no te retraten, por lo menos el retrato queda impreso en el complejo almacén de mi cerebro. Todos lloran, todos tienen la cara muy triste. Yo no entiendo las lágrimas en ese momento. Sólo muchos años después puedo llorar cada detalle de aquel recuerdo. Frente a la computadora, se me nublan los ojos. No hay palabra que mida el vacío, la desolación, el desconsuelo, jamás un cariño igual al tuyo en la cajita especial de mis más afectivos recuerdos, jamás una tibieza semejante a la de tus manos o tu beso. Todos lloran, yo no entiendo, observo la tesitud de tu hermoso cuerpo, tan alto, esbelto, maniquí, muñeca de cartón como la de mi pesadilla, lo único que ahora no está llena de los hoyos negros, que no parece esponja lista para el desove de los mundos nuevos. No me llevan al cementerio, me desplazan a otro pueblo para que me olvide de tu rostro y luego todos me dicen que te fuiste para el cielo... ¡Qué ignorancia, como si no estuviéramos en el cielo, como si la Tierra no fuera una esfera más entre las incontables masas que pueblan el espacio! A la mejor quieren decir que tu energía se eleva a otra dimensión. Quién sabe en qué lugar esperas el salto a unos ojos nuevos. Madre, yo quiero volver a ser tu hija en cualquier rincón de las galaxias. Quiero sentir la ternura de tus ojos, el calor innombrable de tu cuerpo.

Ruchi papi

Este ojo que me mira, me ve de lazarilla de mi pequeña prima que misteriosamente se ha quedado ciega. Este ojo me ve sin las preocupaciones por la tripa vacía del chico de Tormes. Le sirvo de guía por la casa, en los juegos, en las comidas, cuando hace pipicaca, cuando vamos al colmado de Juan a comprar las golosinas. A ella le dan más plata que a mí porque le tienen pena. Pero la prima es un pan de azúcar, todo lo comparte conmigo. La culpa de su ceguera la tiene una perra chinga que se metió en la casa. La perra no era fea, tenía un pelaje cremoso con un borde negro en las orejas. Los perros de La Aldea se meaban a chorro por ella. Por liviana, la bicha se agarró la venérea. Como todos nosotros le dábamos comida, la muy lista se fue requedando. La Ruchipapi, como le decíamos a la prima por decir que era hija de su padre, inocente al fin, se puso a besuquear la perra, se pasó las manos por los ojos y zas, la chinga callejera, la microbítica le pegó la venérea. Ahora los ojos de la Ruchipapi están siempre cerrados y purulentos. Mis tías se los lavan cada hora con algodones y desinfectantes que ordenan los médicos. La pobre parece que tiene una horripilante conjuntivitis. El tiempo corre con la angustia de la mano. Los médicos no parecen dar pie con bola. Claro, por lo común, la gonorrea ataca otros orificios. La Ruchipapi no quiere exponerse al sol; el impacto le causa insoportable dolor, me dice que caminemos por la sombra. Mis tías recorren montones de oficinas de médicos; todos opinan que se puede quedar ciega. Un día, en una sala de espera, una de las muchas viejas curanderas, tan odiadas por los médicos porque les quitan la posibilidad del yate, del Mercedes o la mansión quimera, le receta unas gotas de oro. En unos días sus ojos color de aceituna vuelven a brillar como luceros. La Ruchipapi vive muy lejos pero cuando el azar nos junta, recordamos con nostalgia las andanzas de la cieguita y su lazarilla.

temo coger un reintegro

Todas las mañanas ponen la tremenda olla al fuego. La llenan de agua y le echan la cebada, el arroz, el millo y la avena con un poquín de sal. Cuecen los cereales, los cuelan. Le añaden leche, vainilla, canela y azúcar. Este ojo que me mira, me ve muy atenta, con ojos de mucho interés en los gestos de la abuela. Ella reparte al escuadrón de hijos, nietos y vecinos el tazón de cereal con la galleta. Mi prima Gladys, la más traviesa, esconde la primera galleta en el sobaco izquierdo y estira de nuevo la mano pidiendo la otra; le dan la segunda que se mete en el sobaco derecho; estira la mano y le dan la tercera que se mete en las pantaletas. Todo para que nadie le pida un pedacito. La muy descarada pregonea que sus galletas apestan. Por lista, le tocan cuatro y mi abuela se hace la chueca. Estamos sentados a la mesa. Ninguno de nosotros la molesta en su lento y goloso mastiqueo porque sus galletas nos dan asco y ella, la muy sinvergüenza, nos mira con un, "siempre me salgo con la mía", con un "les estoy haciendo fieros". Mi prima tiene la piel bien tostada, el pelo rubio y los ojos muy rasgados, por eso le decimos La China. En verdad, debía llamarse La Fiera. Cuando mi abuela sale, nos deja al cuidado de tía Varín, la mamá de La China. Se nos tiene prohibido salir a la calle. La tía nos vela desde la cama porque la pobre está muy enferma. Se vale del reflejo de la puerta de salida en un cuadro colgado en un seto de la sala. Es una escena de un pastor que cuida sus ovejas. Si atravesamos la puerta, la tía nos grita, –¡Dios libre, Dios libre! A La China se le antoja escurrirse de alguna manera para agarrar la calle. La tía se da cuenta de su jugada y le dice que no se atreva salir. La China se enfurece. Como es una lista, se le acerca a la madre para ver cómo nos espía. Descubre su secreto, maldice al pastor y las ovejas, armando una gritería para que quiten el maldito cuadro o lo acaba a pedrada limpia. Nadie le hace caso. Amenaza con arrancarse el escapulario que lleva al cuello. Nadie le hace caso. Se enfogona, va a la cocina donde doña Pilar está mondando las verduras del almuerzo, le pide un canto de batata cruda. Pilar le dice que la batata cruda da bichillos. Por sus pantalones, la muy cojonuda, por sus pantaletas, la muy ovaruda, se quita el escapulario; agarra un canto de batata; se lo ataruga a la virgen para que se la coman los bichillos. En ese instante llega la abuela; agarra a La China y le tuesta el trasero. Este ojo que me mira, me ve encogida en el mero centro de la silla, muerta de miedo. Tengo la mirada fija en los cereales yertos. Me aterra coger un reintegro.

vuela el muslo de pollo

Estamos sentados a la mesa [mis tíos Luis, Víctor,] mis primas Gladys, Ruth, uno que otro vecinito y yo. Los niños comen primero porque hay que educarlos. Eso dicen mis tías y mi abuela; pero la verdad es que los adultos no soportan las malas mañas de los niños. Siempre que engancho las piernas en el cojín de la silla que me queda al frente, la abuela me ordena quitarlas. Comenta, –Lori, te repito las cosas como letanías. Lo cierto es que las jaculatorias de la abuela me penetran los oídos: "Pierna sin mancha," "Pierna santa," "Pierna adorable...". Asumo la pose correcta. La abuela explica cómo se usan las cucharas, cuchillos, tenedores. No quiere codos en la mesa. No quiere masticación boquiabierta. Nos dice: –Nadie debe ver lo que usted tiene en la boca. Eso da asco. Estamos listos esperando el plato de asopao dominguero. Llegan los platos con la presa flotando en el medio; aquí y allá el *pitipuá* y los adornitos de las ristras de pimientos morrones. A mí me gusta el ala, me intriga el poder de su vuelo. Llegan los platos con ese peculiar olor a cilantro, recao largo, ajo, cebolla, orégano. Ereccionan el olfato, enloquecen las glándulas, estiran la lengua. Todos nos comemos la presa primero pero el tío Luis la deja para lo último. Quiere hacernos fiero, regodearse con el gustazo. Llega el Alcalde. Se jode mi tío. Discretamente, la abuela le saca el muslo del plato. Nadie chista, so pena de un tremendo cocotazo. Mi tío gemiquea por largo rato. Por fin, aprende las reglas del juego. Tengo suerte. A muy poca gente le gusta el ala, a muy poca gente le gusta irse de vuelo.

Deben ser las seis de la tarde de un verano con calores bochornosos. Sí, debe ser esa hora. Ya me bañaron y me vistieron con un trajecito amarillo y unas sandalias del mismo color. Todavía no me han hecho el moñito en la coronilla, ni me han puesto el lazote de cinta. Hace varias horas que sonó el fotuto de Benito Pun. Temprano en la tarde, el muy loco se espatarra en la entrada de La Aldea con su enorme fotuto de lata y vocifera a todo pulmón: "Pun, pun, pun... Pun, pun, pun... Esta noche, no falte al cine. Esta noche, la gran estrella María Félix con Jorge Negrete. Esta noche, una historia de amor y de intriga. No se la pierda. Pun, pun, pun...". Este ojo que me mira, me ve sentada en la puerta—ventana de la cocina con las piernitas colgando al aire y moviéndolas al ritmo de la brisa. Estoy en el rincón más fresco de la casa, quizás, por la significativa altura. Si me cayera, no me quedaría un hueso sano; pero los niños siempre buscan la fascinación del peligro. Por esta puerta —ventana entra el rumor de las flores del tabaco con su embriagadora fragancia. Este ojo que me mira, me ve con la mirada fija, concentrada en cada detalle de una visión. Veo a mi madre con los delicados pies desnudos, camina por el aire como a doce pulgadas sobre la tierra. Su alargada y esbelta figura se me acerca por la zanja del desyerbo entre las hileras verdiblancas del tabaco. Tiene puesta la camisona de nansú blanco con mangas largas, adornada con encajes de mundillo y una cofia con volantes. Es el ajuar de la última salida. Desde los sembrados, me sonríe con una de esas sonrisas tan llenas de amor que viajan millas, me sonríe con una de esas sonrisas tan auténticas que nos saca todas las patas de gallina en la comisura de los párpados y los ojos nos rutilan como astros. Sé muy bien que no estoy soñando, estoy requetedespierta por la ansiedad que tengo de irme de paseo. La Chabela, al igual que mis otras tías, Ana, Lucy, Blanca y

Sarah se están vistiendo para irnos a la plaza del pueblo a dar las vueltas buscanovios. A la mejor después se meten al cine. Sé que se mueren por Jorge Negrete. Insisto, no estoy soñando, veo a mi madre como la vi el último día, tal como la echaron en una caja enorme de madera, tal como ella quería dar su último viaje. Estoy segura que la debe haber despertado este tremendo calor de verano y decidió venir a ver a su hija. Ahora se pone los dedos de la mano derecha sobre los labios y me tira un montón de besos como antes lo hacía desde la cama cuando yo la contemplaba desde el dintel de la puerta. De nuevo sonríe con esa sonrisa blanca que viaja millas. Ahora la veo que se pierde en la distancia silueta, sombra, trazos de energía... Madre, la orfandad me clava puñales invisibles; siento que se abren las compuertas que atajan las lágrimas. Madre, dentro de un ratito la angustia se me quita. Me voy a la plaza con mis tías. Eso sí, tengo la esperanza de que vuelvas para seguir desovillando el estambre de tu amor...

minutos que parecen siglos

Abro los ojos luego de un largo sueño. Este ojo que me mira, me ve curioseando el ámbito. Hay un silencio cerrado por todas las esquinas. No se oye ni la caída de un suspiro en las tablas del piso. La casa tiene que estar sola. Sé que es sábado porque nadie ha venido a sacarme de la cama; nadie ha venido a calzarme los zapatos. Chabela no quiere que pise las tablas del piso descalza; la Isla está epidemiada de lombrices, de bichillos. Mi abuela y mis tías deben haber ido a la Plaza del Mercado. Intento levantarme pero tú, madre, como quiasmo, me entorpeces el paso en las dos puertas de salida. Siento un miedo extraño, este ojo que me mira me ve cerrando herméticamente las pupilas. Me acurruco de nuevo, me arropo de pies a cabeza. Espero unos minutos que me parecen siglos y saco, poco a poco, las pupilas por un hueco de la sábana. Estoy más muerta que viva. Tú sigues inmutable, hecha un quiasmo en las dos puertas de salida. Me arropo de nuevo y me quedo profundamente dormida. Chabela me despierta con un revuelco cariñoso en mi pelo porque la avena del desayuno está servida. Oigo que mis tías comentan de un caballo que ha arrollado a un niño frente a la casa. Oigo que dicen que hubo tremenda algarabía. Madre, ¿acaso pensaste que la bestia arrollaría a tu niña?

los nombres crecen conforme yo crezco

Este ojo que me mira me ve niña escolar con uniforme azul pavo y blusa crema oscuro, casi color tabaco. Cara de niña seria, niña importante que va a estudiar con su bulto y sus libretas, algunas veces pongo cara de niña abstraída en volátiles sueños. Por ejemplo, una mañana mientras subo la cuesta de La Aldea, pienso que ahora que soy pequeña, la gente me llama Carmín, Carmen, Loreina o Lori como me dice la abuela; pero que luego cuando yo sea grande, inexplicablemente, me llamarán con nombres gigantes. Pienso que me lo van a cambiar a uno de esos bien altisonantes de las señoronas importantes del pueblo. Por alguna razón, se me mete en la cabeza que los nombres crecen conforme yo crezco. Sí, me van a llamar como a esas mujeres importantes a quienes les dicen Doña María de los Angeles y Alcázar o Muñices Valderrama. Tal vez seré Doña Carmen Loreina Piñeiro de los Santos Silva. Sí, porque para esa fecha aún mis abuelos no me han adoptado, mejor dicho, la abuela porque ya mi abuelo no estaba en la casa y si se hubiera enterado, no hubiera permitido el difamante acto. Jamás en su reino de prole, la hija de una "camisa negra", de una albizuera militante y para colmo orgullosa, altanera... Digamos que todavía soy hija de José el de la "Elegía" de los padres irresponsables. En este país los hombres engendran los niños y luego si te vi no te conozco. A la verdad que la gran mayoría son unos machos de mierda porque no entienden lo importante que es fomentar el sano crecimiento de los niños. Este ojo que me mira, me ve subiendo la cuesta de La Aldea, enfilando por la calle principal para luego virar a la izquierda donde al final está la imponente escuela Francisco Coira. Toca la campana, entramos al salón. La Meléndez, vieja gordeta de pelo ensortijado, nos obliga a cantar, aunque no queramos: "Cual bandada de palomas que regresan al vergel...". Nada de palomas, hay muchos títeres malos, títeres frescos y propasados... sí, como el endemoniado hijo del zapatero, el que siempre habla de sexo. La Meléndez quiere que diga el abecedario en inglés, no me lo he aprendido, la hija de la gran nación me da un punterazo tan fuerte en la cabeza que se me levanta un tremendo chichón. Me veo soportando estoicamente el dolor, por fortuna o desgracia no boto sangre. Cuando llego a la casa el chichón me ha crecido tanto que parezco mujer del unicornio. Afortunadamente, el chichón delata el maltrato de la vieja perra. Mi abuela, al verme la protuberancia, se lleva las manos a la cabeza en estado de alarma. Primero me embadurna de mentoquín. Luego le manda una nota a la maestra anunciándole una visita en su propia casa. Recatada, fina y aristocráticamente, como ella actúa siempre, le dice a la la Meléndez que esa no es la forma de tratar a los niños. Le promete a la vieja regordeta que al otro día voy a cantar el "ABC" de los americanos a la perfección, le promete que voy a cantar la cancioncita hasta el verso, "I can say my ABC". Me veo chichón morado, chichón cuerno, chichón doliente, chichón con trazos relucientes de mentoquín, repitiendo hasta lo indecible la canción de los soberanos. Al otro día, con cara de una vergüenza que esconde la furia virulenta y reprimida, cara que esconde el miedo a otro punterazo que me cambie de unicornia a buey cornudo, canto frente a la insensible clase, porque los niños no entienden un carajo, el "I can say my ABC". Me alisto, no vuelvo a olvidar las asignaciones. La vieja regordeta aprende a respetarme. Finalmente, reconoce que mi amiguita Merín Pérez y yo somos las mejores estudiantes.

con un ojo medio abierto

Este ojo que me mira, me ve en la cama muy temprano. Estamos a cinco de enero, el día más ambicionado por los niños de este pueblo. Todavía el entrometío de Santacló no se ha quedado con el mercado. Tengo un ojo cerrado y el otro medio abierto. Me arropo de pies a cabeza asegurándome que el ojo medio abierto quede expuesto a una hendija intencionada de la sábana. Tengo una enorme curiosidad por ver a los Reyes Magos entrar por la puerta montados en sus camellos. Seguramente, los camellos se metamorfosean. Sé de buena tinta que primero entra un camello por el ojo de una aguja que un rico al cielo. Lo cojo al vuelo cuando hablan los grandes. Me encantaría quedarme en la sala, justo frente a la puerta de entrada, para verlos disminuir los cuerpos. Debe ser tremendo espectáculo. Chabela dice que todos los niños se tienen que acostar a dormir temprano, si no, los reyes no vienen. Este ojo me ve en la cama, pero no puedo dormir. En las horas de la mañana, he ido con mis primos y otros chicos del vecindario a buscar la yerba fresca que hay que poner en la caja de zapatos. La abuela me presta una fuente para echar el agua. Chabela dice que hay que ponerles agua y pasto debajo de la cama porque vienen de muy lejos, los pobrecitos tienen que saciar el hambre y la sed. Me imagino que son como las diez, el ojo entreabierto no se cierra. Veo a la Chabela cargada de paquetes, entre ellos, hay un lindo caballo de palo. Ajá, Chabela es la camella. Me hago la tontiloca hasta que ella termina de poner los paquetes y abandona el cuarto. Por fin me duermo. Al otro día, me levanto bien temprano, en un santiamén abro los paquetes. Como soy andariega, lo más que me gusta es el caballo de palo. Rápido me las ingenio para ponerle un largo rabo de estambre. Estoy loca porque todos se levanten para que abran la puerta, quiero salir a galopar calle arriba y calle abajo. A la Ruchi le regalaron una muñeca con un turbante, relampaguea los ojos pestañús como mujer coqueta. La Ruchi le quita el turbante, como no tiene cráneo, empieza a gritar porque a la muñeca se le ven los sesos. Con su gritería, despierta a todo el mundo. Mis tías la consuelan pero no hay consuelo que valga, la Ruchi reniega de la muñeca asesinada. Mis tías se mueren de la risa, ellas también están sorprendidas. Oigo que los japoneses le pusieron el trapo para economizar yeso. Le doy a la Ruchi una de mis muñecas con cabeza, me guardo la sin cráneo, a ver qué me invento. Me trago el desayuno con la esperanza de irme a correr a caballo. Como a las 11:00 llega mi padre a traer los regalos, con él viene mi hermano todo vestido de blanco, mi padre exige que lo vistan así; por eso tiene la altanería de un señorito español. Entre los regalos hay tres patos de goma de los que se inflan como bombas, están pintados a todo color y tienen las patas sobre ruedas. Los amarro para llevarlos a pasear. Mi hermano los desinfla con un clavo, los chamacos del vecindario le ríen la gracia. Este ojo que me mira, me ve más seria que un chavo de pan, tengo una furia criminal. Agarro mi caballo, les dejo el canto.

bufé de purgantes

Este ojo que me mira, me ve con la cara retorcida, cara de contorsiones, cara de muecas y gestos funestos. Parezco un aborto de paranoia, esquizofrenia o locuras que reinvento. Tengo los dientes cerrados herméticamente, si tratan de meterme un dedo, juro por las once mil vírgenes, juro por todos los santos del cielo, juro por las entrañas más entrañables del Verbo que al que sea le parto los dedos. En el bufé de purgantes hay saldiguera, pasote, aceite de bacalao, castor de los mil demonios y una recua de enfermeros. Todos son mollero duro, están preparados para con una cuchara grande abrirme los dientes herméticos. Grito, vomito el desayuno que me dieron porque mi tía Chabela sabe que no tengo parásitos y por eso le mandó una nota a la maestra indicándole que me había desayunado porque no tenía que tomar purgantes. La nota explica que mi prueba había salido negativa. Además, reitera que por temor a los bichillos, nunca me dejan poner un pie descalzo en el piso. Debe haber sido un olvido malintencionado de la Meléndez. Ojalá San Pedro no la deje entrar al cielo. Por culpa de ella, los condenados enfermeros, a quienes nadie les informó que soy caso exento, me llevan en la fila como becerro a matadero. Me agarran entre dos, casi me rompen el pescuezo, me tapan la nariz para que abra el respiradero; me inclinan el rostro hacia atrás, halándome las greñas sin ningún remordimiento, me zumban la saldiguera. Me baja, propulsión a chorro, por el tragadero. ¡Madre del Verbo, yo juro que del vértigo me muero!

como movida por un resorte

Este ojo que me mira, me ve en un atraco a mano sin arma o mejor digo con un arma muy especial. Se trata nada menos que del fideputa hijo del zapatero, el tipo es un fresco. Todo se debe a que mi abuela me pide que recoja un paquete en la tienda de Suncha Padró. Sé que son unas camisas de dormir que escogió el mismo día que me regaló las telas floreaditas de algodón para que le hiciera vestidos a mis muñecas. Juro que la caja es más grande que yo, a veces se me arrastra por el suelo. Juro que el ojo que me mira me ve como una caricatura. Voy bajando por la alta acera de la Betances o lo que llaman la cuesta de La Aldea. Tengo cara de niña inocente con los rizos color de ceniza y un cuerpito pizpireto de mujer. Me veo, cuesta abajo, abochornada por no poder con la carga del tremendo paquete. Cuesta arriba, por la misma acera viene el titerón hijo del zapatero. En los predios de la escuela, siempre nos cala los cuerpos con una mirada de argos sensual y pendenciero. El muy sinvergüenza me dice, −Nena, si me das la chochita, te llevo el paquete. Como movida por un resorte, se me cambian los gestos de la cara, este ojo que me mira, me ve niña muy indignada, con cara de furia indecible, cara roja como un tomate, cara de me chillan las orejas, tal parece que alguien me ha metido un formón que me llega al tímpano, parece que me explota pero no emito una palabra, me rompo en llanto. Creo que el torrente de agua tibia y salada que me baja por las mejillas llega primero que yo a los escalones de la casa, creo que el diluvio inunda la sala. De seguro, mi abuela ve llegar la corriente porque me espera en la entrada. Al verme como Magdalena, se alarma, me pregunta: −¿Hijita, qué te pasa? Le contesto: −Mamá, jamás se te ocurra pedirme que traiga paquetes... El maldito hijo del zapatero me acaba de pedir la tota.

somos muy buenas amigas

Este ojo que me mira, me ve cara de asustada, cara de me pegan, cara de no sé que voy a hacer cuando me descubran. Pienso que se repite la historia del chichón mentoquinado. Le amarro las regordetas y largas trenzas negras de mi amiga Merín al espaldar del pupitre. Las ato bien para que no se suelten. ¡Qué perversa! Le hago esta maldad a mi compañera de juegos de muñeca. Jugamos todas las tardes después de las clases en el viejo balcón de la casa de Andrés, su tío. Merín no sabe que le he amarrado las trenzas. La maestra le pide que conteste a una pregunta, Merín se levanta, con el halón de pelo se saca un tremendo grito. La disciplina de la clase se va al suelo. Para mi sorpresa, la Bernave ríe con los chicos. ¡Qué alivio! Menos mal que la *misi* entiende de bromas. La Meléndez me hubiera hecho otro chichón más grande que el primero. Por culpa de ella me hubieran llevado al hospitalillo con mi chichón sangrando como nube que pare un aguacero. Merín me tuerce el hocico; pero al cabo de unos minutos echa la ofensa al olvido. Ella sabe que la quiero. Nos visitamos una vez al año. Siempre recordamos aquellos niñeriles tiempos. Hablamos del amor de su tío por mi madre; pensamos que por ella, se quedó para vestir santos. Hablamos de las comiditas que nos hacía el primo Harry en el anafre de la trastienda. Hablamos de los bombones que nos daba don Fello para endulzarnos el camino al viejo balcón. Hablamos de los cuidados maternales de Melita, la tía solterona, mientras pasábamos las horas muertas entretenidas en nuestros juegos de muñecas. El balcón demolido recobra los torneados palitos de caoba en la magia de nuestro encuentro...

44

el chorro de sangre sube al cielo 3 2

La tribu de los Rosarios ha hecho del aljibe junto al glácil una tremenda piscina. En los calores insoportables del verano la llenan hasta que se desborda. Allí nos metemos a darnos las juguetonas zambullidas tanto los negros como los blancos. Al bobobueno de Eliasín, quien se asegura de sacar del canto a los chicos que a él no le caen bien, no le gusta meterse al agua pero se saca tremendas carcajadas de gozo al ver nuestras proezas. Después que nadamos, vamos a las respectivas casas a bañarnos para comer y volver al glácil que es el campo de juegos. Allí los saltos de la Peregrina, las ruedas del Mambrú, la Doña Ana y el maldito Pobre gatito, que en mi caso no me hacían reir ni con las más famosas payasadas de circo, ni con las salidas cantinfleras. No movemos un poro de la cara ni con los espeluznantes cuentos de misterio que alimentan nuestras pesadillas. A mí, el "gatito" no me gusta para nada porque eso de que a uno le manoseen la cara y le digan tonterías para hacerlo reír, me parece una falta de respeto. Muchas veces prefiero que me eliminen del dichoso juego. Nunca me han gustado las bromas y menos las pesadas. Ni las doy ni las quiero. Una de las chicas de la tribu, que se cree un cuatro de julio, me tiene mucha rabia desde hace tiempo. Sé que entre ella y yo no hay química pero como me gusta el juego, le tengo que soportar la trompa que pone cuando llego. No sé si la muy sivergüenza sabe que en las paredes del aljibe hay picos filosos de cemento que cortan como cuchillos, no sé si quiere hacerme daño. Me empuja con toda su fuerza contra los picos y se me hace un roto en la espinilla de la pierna derecha. El chorro de sangre sube al cielo, el flujo es alarmante, como en la Guerra de Troya, se manchan las aguas con el torrente de sangre. Alguien le avisa a la tía Chabela que estoy herida y ella sube la cuesta de los Rosarios en volandas. Me coge al hombro para disiparme el miedo, me lleva al

hospitalillo, no le permito al practicante de turno que me coja puntos, grito, pataleo, me salgo con la mía. Me desinfectan, me curan y me mandan a la casa con el alma comprimida porque sé que tengo que quedarme por largo rato sin la fascinante algarabía del aljibe. No digo quien es la culpable porque no quiero que la tipa me elimine de los juegos. Cuando se me cura la espinilla, me invitan a unirme a la guachafita. La chica "ojo de riña" tiene menos odio en las pupilas; pero cada vez que me miro la pierna veo su mirada atravesada en la cicatriz de la espinilla.

la dignidad en dos patas

Voy a la tienda de Suncha Padró a recoger las cuartas y medias yardas de tela para los vestidos de mis muñecas. Escojo algodones y etaminas con estampados de flores chiquitas, hilos, botoncitos y puntillas. Mi abuela ha hecho arreglos con doña Nanda, la costurera, para que me dé unas clases de coser. Tengo muñecas y muñecos de trapo, de loza, y de yeso. Entre todos, hay una negrita de trapo muy atractiva y sandunguera que es mi favorita. Algunas me las ha traído mi padre de su tienda cuando se acuerda de venir a verme por los Reyes Magos. El sabe que no me gustan las muñecas grandes porque es más fácil hacerles los vestidos a las pequeñas. Me encanta cambiarlas de ropa, en especial, ponerles los vestidos domingueros. Por eso me voy a visitar a doña Nanda con mucha ilusión de ser buena costurera. Este ojo que me mira, me ve niña observadora, concentrada en la labor de la costura, niña sólo ojos a quien no se le mueve una pestaña. Doña Nanda prepara los patroncitos, los coloca sobre las telas, los prende con alfileres, los corta por todas las orillas. Me indica que haga lo mismo y yo la imito al pie de la letra. Corto, yo solita, el primer traje de muñeca. Doña Nanda ensarta una aguja; me indica cómo se cose con puntadas bien pequeñas y a un cuarto de pulgada de la orilla de la tela. Me indica cómo se tira una costura larga para fruncir las faldas; cómo se viran las piezas luego de terminadas. Me regala la aguja y unos pocos de alfileres prendidos a un papel. Le doy las gracias por la lección y su regalito. Me voy a mi casa a practicar lo aprendido. Me tiro al piso en un rincón aislado de la sala. Me rodeo de tela, tijera, hilo, aguja, alfileres... Este ojo que me mira, me ve bien concentrada en mi labor. Pienso, "Qué mujer tan buena es doña Nanda, qué paciente, qué desinteresada. Cuando se muera, quiero que se vaya a mi planeta Astralba. En este planetoide hay muy poca gente con esa categoría de alma". Estoy en lo mío cuando llega Serafina. Mala suerte, la abuela me ve prendiendo patrones con los alfileres de doña Nanda, me pregunta, –¿De dónde sacaste esos alfileres? Le contesto –Me los regaló doña Nanda. Mi abuela no me cree. Para corroborar si lo que digo es cierto, me agarra por un brazo, me saca de mi deleite, me lleva a la casa de la costurera como criminal a galeras. Voy muy confundida, voy muerta de miedo, ni siquiera puedo recordar si estoy diciendo la verdad. Llevo un bochorno prendido a la cara como sol de ocaso, las orejas me chillan, los ojos se me arrastran por el suelo, los zapatos no quieren caminar. Doña Nanda le aclara a mi abuela que era necesario que me diera los alfileres para que practicara. Gracias a ella, el alma me vuelve al cuerpo. Cuando mi abuela cometía esos disparates, para mí era la dignidad en dos patas.

Monchín del alma

Por la década del treinta, Ciales es un pueblito pequeño. Uno se despierta con los olores a café y pan caliente. Hasta yo, que tengo seis años, conozco a la puta del pueblo. A veces me detengo a observarla, es rubia, misteriosa, después que mastica el chicle, se lo pega en los dedos de los pies como en un ritual de juego. Pienso que es una puerca pero guardo silencio. Ciales es un pueblito de chisme, de relajo, de bachata. Pasan muy pocas cosas interesantes. Me encanta el intercambio de paquines con la historia del Rey Arturo; eso me entretiene en lo que llega la biblioteca rodante. Las fiestas patronales son especiales por el montón de vueltas que me doy en la machina. Siempre escojo el caballo más flamante. Lo novedoso de las elecciones son los altoparlantes, los banderines, la boqueta de jarro de los políticos y los machetazos que se dan los jíbaros borrachos en las riñas políticas. También la autopsia de cualquier ahogado rompe la monotonía porque uno arranca para la ermita a ver el magno espectáculo. Ah, se me olvida que los domingos hay películas de vaqueros. Las anuncia Benito en su fotuto a punpún limpio. Ciales es un pueblito donde todos esperan cualquier novedad. Cuando llega la noticia de que viene Monchín del Alma, desde por la mañana, el rumor corre de boca en boca. A Monchín, la lepra le comió la cara. Un lazarillo lo lleva de pueblo en pueblo, montado a caballo, cubierto con una sábana blanca. Ni que fuera el futuro Casper. Se paga una peseta por verlo. Dicen que parece un fantasma. Tan pronto me entero que viene para el pueblo, le pido una peseta a la Chabela. Chabela se niega porque sabe que me va a asustar la visión de su calavera. Me dice, –No puedes verlo porque te van a dar pesadillas. Le contesto: –No les tengo miedo ni a calaveras ni a los muertos. Insisto. Por fin me da la peseta. Subo al pueblo con otros chicos del vecindario. Llegamos a la plaza de recreo donde tienen a

Monchín. La fila es larga: hombres, mujeres, viejos, jóvenes, niños... Con mucha paciencia, esperamos el turno. Llega el mío. Entrego la peseta, el lazarillo levanta la sábana, me meto debajo. Monchín me mira desde las cuencas vacías, ríe sin dientes, habla con la boca deslabiada, me dice: –Gracias, hijita. Es un eco de ultratumba. Me encojo, me achico, me enano. Por muchas noches me persigue su prematura calavera en las calles de mis sueños. Me mudo a la cama de la Chabela. Oigo decir que Monchín toca la guitarra y compone canciones. La gente las repite. Al eco triste de las notas, vuelve la deslabiada calavera: "Monchín del alma,/ las cosas no están buenas/ y cada día se han de poner peor/ las mujeres muriéndose de hambre/ y los hombres hartándose de ron... ".

NIÑA MATA MADRASTRA

Este ojo que me mira, me ve con dolor de dolorosa, esa virgen que sacan en las procesiones del entierro. Me ve con lagrimotes como tetas de vaca, como esos goterones que en tiempo de tormenta le ordeñan a las ubres de los cielos. De la intolerable angustia me retuerzo. Y es que mi padre, robador de Ciales por tiempo de los Magos, me mete en el carro de prisa, antes que venga la Chabela a buscarme cuando termine la tanda de la película de vaqueros que dan a las tres. El chofer, sin saber lo que hace, me tira la puerta en los dedos. En mis adentros maldigo la fuga porque sólo me trae tormentos. Mi dedo meñique está deshecho, sangro a chorro y mi padre me controla la hemorragia amarrándome un pañuelo. Mi padre, robador de Ciales, me lleva a la casa de la querida de turno, una vieja gorda que quiero borrar de mi recuerdo. Diabólica madrastroide que me dice que me quiere ver aplastada por las ruedas de los trenes, me quiere ver como los clavos que pone mi hermano para su colección de puñales grandes y pequeños. A él, la vieja gordeta le tiene miedo, la muy perra sabe que mi padre no quiere cuenta con su hijo, sabe que mi padre proyecta en mi hermano al macho violento que lleva por dentro. La vieja diabólica me quiere bajo las ruedas de los trenes. Me veo masa bajo el rodillo metálico, galleta navideña *gingerbread man*, pero claro, ahora la galleta es de una niña estriada por las vías del tren con el mal oliente *frostin* de sangre. Me veo galleta de vanguardia. Se me contrae el pecho, tengo el corazón tamaño punta de alfiler. Quiero propiciarle un tremendo pinchazo a la vieja ignorante en el lugar donde la Parca corta el hilo de la vida. Erectas mis pestañas, multicórneos mis ojos, la mutilan, la traspasan. No me importa, que salga en primera plana de *El Imparcial*: NIÑA MATA MADRASTRA.

maestra requetebuena

Este ojo que me mira, me ve callada, taciturna, triste por el maltrato de la nostalgia de un anhelado cuerpo. Este ojo me ve con el uniforme falda verde pavo y blusa crema tabaco. Llevo cinta negra alrededor de la manga izquierda de la camisa, la cinta que llaman de duelo, la cinta que llaman de luto. La gente me habla de condolencias en palabras grandes, palabras altisonantes, palabras que no entiendo. Yo sólo quisiera palabras para el milagro de la resurrección de un cuerpo. Ni una metáfora, ni un símbolo, ni una señal mística para mi consuelo. Sólo me queda el cuarto de mi madre vacío, después de los muchos lavados de creso. Sólo me queda su aliento pegado a los setos... Este ojo que me mira, me ve todas las tardes, después que salgo de la escuela, en ese cuarto, ahora salón de clases. Soy maestra de siete años, magistral mi rostro óvalo-corazón, muy serio, con una regla imitando el puntero de la Meléndez, eso sí, no castigo a nadie, porque tengo vivo el recuerdo de su terrible punterazo y el chichón de la metamorfosis a una niña unicórnea. Sólo uso el puntero para destacar sonidos, palabras, números o los palitos con los que cuento, sumo, divido, multiplico, resto. Llevo traje largo viejo que me presta la Chabela para mis juegos de maestra. Me lo trepo con un cinturón de cuero y me calzo un par de zapatos de tacón donde caben dos o tres de mis pies. Llevo dos peines con rositas plásticas de colores en el pelo. No sé de cuál de mis ocho tías son los peines, si son de la tía Ana me arranca el cuero. No importa, quiero verme muy Bernave, maestra requetebuena porque la Meléndez es mala y fea. El hijo del zapatero le decía: "vieja cagona". Será que como es tan gorda, debe dar del cuerpo unos mojones quilométricos. En mi caso, aún cuando las maestras fueran ángeles o diablos, a la verdad que nunca se me ocurre pensar que den del cuerpo. Se me antojan maniquíes. Ahora tengo mi salón de clases. Les enseño a los chicos del vecindario todo lo que aprendo, además vienen a preparar las asignaciones de la escuela como las hormiguitas al terrón de azúcar. Todos le temen al maltrato. Definitivamente, mi destino es ser maestra. Tal vez, por esa razón, mi abuela, cuando le dije, –Yo quiero ser abogada, me contestó que eso era cosa de machos. Insistió remachando sus palabras: –Las mujeres son del magisterio. En aquel cuarto de mis niñadas, me prometí que de ser maestra, sería como la Bernave, maestra requetebuena...

Este ojo que me mira, me ve con cara de ángel, esperando que
llegue el Padre Cura con el cáliz lleno de hostias. Me han dicho
que voy a recibir el cuerpo de Cristo. No entiendo cómo puede
ser que un cuerpo tan grande quepa en una hostia tan chiquita.
Tampoco entiendo por qué razón se lo come tanta gente que no
lo merece, como el cura que sacó a la inválida del lujoso
reclinatorio de caoba porque éste le pertenecía a un rico del pue-
blo. El dichoso rico, fabuloso semental, dejó casi medio cente-
nar de hijos sin apellido. La curiosidad mata al gato. Espero que
a mí no me mate porque voy a generar fe en las cosas que están
más allá de mi comprensión. A como dé lugar, voy a tratar de
entender los misterios del cosmos. Tal vez de esa manera llegue
a comprender tanto fenómeno de ingratitud. Por eso he optado
por ponerme el carapacho de la fe. Mi abuela insiste en que
haga la primera comunión, aunque soy hija de un masón. Ella
dice que eso es lo que se acostumbra en la iglesia católica. Tomo
las clases preparatorias para el ritual de la limpieza de mis peca-
dos. No entiendo ni la palabra comunión ni la palabra pecado.
Mi abuela me dice que a los siete años el niño cobra conciencia
de lo que dice y hace. Mi abuela insiste, que hay cosas que ni se
dicen ni se hacen. Pone por ejemplo, el no decir malas palabras.
Es por eso que debo iniciarme en el misterio de la confesión.
Hace mucho tiempo que digo en secreto coño y carajo. El que
me prohíban decir algo me da un cosquilleo en la punta de los
labios. Todos los sábados, a las tres de la tarde, voy a la iglesia a
tomar las clases preparatorias. La ironía de todo esto es que pierdo
la inocencia cuando me exponen al decálogo, con eso de no matar,
no mirar el marido ajeno... Me explican el misterio de la comu-
nión. El día antes, como en un ritual de angustia, entro en el
confesionario. Oigo que el cura me pregunta: ¿Hija, qué faltas
has cometido? Supertímida, superachongada, le respondo:

–Padre, he dicho coño. –¿Qué otra falta, hija? –Nada más. Muy bien, híncate y haz diez padrenuestros, diez avemarías y diez salves. Todo me parece tan fácil que me arrepiento de no haberle dicho que también dije carajo. Rutineo las oraciones recién aprendidas como robot. De esa experiencia aprendo que las oraciones deben salir del alma, deben madurar y evolucionar con el ser y la palabra. Cuando termino de rezar a las millas del chaflán, de camino a la casa, le pido a la Virgen que me ayude a no decir ni una mala palabra para poder hacer la primera comunión. Estoy segura que dije varias; pero aun así, me vistieron como una paloma blanca, me pusieron un velo orillado de encaje y me dieron un rosario y un misal para mayor apariencia de niña santa. El cura tampoco sabe que mi tía Ana me dio un tremendo sopapo por trastearme el sexo. Mi tía Ana me dice que es pecado pero no lo confieso, no me atrevo. Subo la cuesta de la Betances como en las nubes porque la gente sale a ver los ángeles castos y puros que van a hacer la primera comunión. Después de esta iniciación en la religión católica, todo se hace rutina. Los sábados en la tarde confieso más o menos lo mismo y el Padre me impone el castigo rutinario. Con el tiempo, aprendo a no pecar. La iglesia se convierte en mi forma de vida. Trato, por todos los medios, de vivir a la altura de lo que entiendo por moral. Me inician en el grupo Cinta Verde o el que llaman de ángel; paso al grupo Cinta Roja, el de los adolescentes; de este grupo al de Hijas de María. Luego de iniciarme en las Hijas de María, Padre Amor me dice que estoy capacitada para dar las clases de catequismo. Lo cierto es que he madurado, ya estoy en el Plan Morovis, todo por la maldita Pesante, por sus patrañas en contra de la pedagogía. Por su culpa abandoné la Escuela Superior Central. Ahora, todos los sábados, a las tres de la tarde, vienen los niños a la clase de religión. Son unos veinte angelitos maletoides. Les cuento los mitos de la Biblia, los transformo al nivel de sus oídos. De la manzana, no entien-

den un pepino. Lo sé porque veo nacer en sus ojos el germen
del escepticismo. Yo misma me preocupo por tanto nudo que no
se puede desatar; pero cuando esto me sucede, me visto de fe.
Ahora soy del coro, canto la Misa de Ángeles con voz de sopra-
no; canto el ofrecimiento de flores a María: "Venid y vamos
todas, con flores a María, con flores a porfía, que madre nuestra
es. De nuevo aquí nos tienes, purísima doncella... ". Cada hija
de María sube las gradas y deposita una flor a los pies de la
imagen que está en la entrada de la iglesia. Parecen una banda-
da de palomas blancas que picotean el granero de la santidad.
Por estos días en que todo el mundo está en ese *mood* de santi-
dad, una amiga que pertenece a la iglesia protestante me pide
que sea dama en su boda. Todavía no lo he consultado con el
cura. Cuando por fin lo hago, el muy ignorante me dice rotun-
damente que no. Me dice que de hacerlo, me voy a quemar en
las pailas del infierno. Quiero rispotearle que en una paila por
debajo de la mía, lo veo ardiendo a él; pero me callo por res-
peto a su ignorancia. De todos modos me arriesgo a preguntar-
le, –¿Acaso no son cristianos? Me contesta: –No hija, son prole
de Satanás. Insisto: –Padre, usan la Biblia. –Hija, es una ver-
sión apócrifa. Desafortunadamente, le hago caso al cura, me
resigno a perder a mi amiga. Para mi consuelo, me eligen Cela-
dora General de las Hijas de María. El puesto requiere asegu-
rarme de que todas observan una conducta intachable. Supone
informar al Padre toda acción que caiga fuera de la moral esta-
blecida. Nunca vi o no quise ver nada malo entre mis compañe-
ras. Puede ser que iba perdiendo la fe porque me compré el
libro *How Religions Grew* y me lo leí con tanto interés que se
me despaginó en las manos. Fue después de esa lectura, tan
trascendental en mi formación, que entendí el mundo filosófi-
co-religioso del Oriente. Fue entones que me di de baja de las
Hijas de María. Seguí yendo a la iglesia por aquello de socializar
pero, poco a poco, me fui dando cuenta de las falsas columnas

en que se montan las religiones. Comprendí que la divinidad está en la interioridad del ser y el templo es cualquier lugar donde nos sorprenda la palabra edificante, la palabra que nos vincula a la Energía Cósmica. Cuando el oficiador de la misa, después de leer el Evangelio, habla de moralidad, me vienen a la memoria las historias de los niños violados por los curas en los campanarios. Me vienen a la memoria los esqueletos de los infantes que sacaron detrás de la iglesia San Jorge donde entre curas y monjitas andaba la fiesta caliente. Me vienen a la memoria las historias de las mujeres preñadas por los curas en las sacristías. La más cercana, la de mi compañera de clases, a la que le llamaban la hija del cura. La pobre niña tuvo que emigrar a los Estados Unidos porque nadie se iba a casar con ella luego de enterarse de su origen pecaminoso. Huyendo a la hipocresía, abandonó el pueblo. ¡Pueblo chiquito, largo perico! No culpo al cura que metió la pata, culpo a las absurdas prácticas religiosas que pecan contra las leyes de la naturaleza. Las prédicas son de moral en calzoncillos, los curas siempre dicen la misma bazofia, los mismos sermones aburridos totalmente ajenos a la realidad o al asombro. Lo triste del caso es que algunos de esos mismos curas predicadores de la moral intachable tienen en la casa amas e hijos-sobrinos para que sus propios pecados sean más efectivos porque nadie engaña a un jíbaro jaiba... El celibato, señores, es Satanás en patinetas... ¡Y pensar que todo este vía crucis empieza con la primera comunión!

Madre, abren tu baúl _____

Este ojo que me mira, me ve cara de asombro, cara de me quedo boba, cara de pregunta sin respuestas, cara de qué es eso, cada vez que sacan uno de los objetos que mi madre tiene acumulados en el baúl de los recuerdos, mágico baúl que la familia guarda con mucho celo. No recuerdo cuánto hace que mi madre ha muerto. El gobierno ha ordenado allanamientos. Los agentes secretos irrumpen en la privacidad de los hogares sin avisar, sin la menor noción de respeto a los derechos humanos. Mis tías y mi abuela tienen mucho miedo. Madre, abren tu baúl. Veo retratos de Albizu con la plana del partido. Veo dos cuadernos de carpeta *brown* con papeles pecosos y amarillentos por la inclemencia del trópico. Están preñados con tu poesía. Veo cartas del abogado que quería casarse contigo. El pobre se muere de pulmonía en la Ciudad de los Rascacielos sin ver realizado su sueño. Veo cartas de Andrés, el Alcalde, que se quedó soltero anidando muy íntimo tus recuerdos, retratos y cartas de Garmendía, el hombre de tus desvelos, tarjetas de tus hermanas, de tus amigas... Veo la enorme bandera prohibida; la que te regaló Albizu por aquellos tiempos de tu militancia, mis tías la sacan, la extienden a todo lo largo y lo ancho del comedor. Madre, juro que en ese momento me nace el sentido de patria. Mis tías vuelven a doblar la bandera con mucho respeto, vuelven a colocar todo, bien ordenado en el baúl de aluminio bruñido, pintado a vivos colores. Mis tías lo guardan todo con un ritual de amor y silencio. Un camión, estacionado frente a la casa, ha venido a recogerlo. Oigo que dicen que se lo llevan a la finca de tío-abuelo Nelito. Hasta el sol de hoy nadie puede dar cuenta de su paradero. Una papa caliente los cobardes la dejan caer al suelo. Ahora, recordando aquellos momentos, mi cara se llena de nostalgia, me ataca una angustia misteriosa, se me me atora la saliva en el tragadero, se me contraen los pequeños átomos de los soles de mi cuerpo. Se me contraen como se contrae el sentido libertario de mi pueblo en las urnas donde se decide una política de juego. Ahora, diera mi vida por recuperar el arca, recuperar tus poemas, retener cada una de aquellas imágenes peregrinas en mi cerebro. Madre, a mí, la papa caliente no se me hubiera caído de las manos...

los clavos de la retina

Este ojo que me mira, me ve cara de qué es lo que está pasando. Me ve cara de no entiendo. Veo un camión parado frente a mi casa. Los muebles, las camas, las mesas y un montón de cajas están en la calle, justo frente a la doña Irene negra alta, flaca, moñuda, con aire de reina, con ojos de navaja, con lengua de espada, con labios de gubia para trasquilarle la piel a mis tías que son blancas, con mucho salero y muy reguapas. Sólo yo, cara quieta, quietita con el oído de tísica pendiente a las ondas del mínimo sonido, oído surrealista en proyecciones infinitas para agarrar al vuelo lo que la prieta dice; sólo yo, quietita en un rincón de la alta cocina cosiendo un vestido a mi muñeca favorita, mi negrita de trapo tan amorosa, tan diferente a la vieja pícara, sólo yo, quietita, sé de la retahíla de reputeo de que son víctimas mis tías. Oigo que también les llama babosas, oigo que las llama tísicas. A lo mejor porque a mi madre la atacó el bacilo de Koch. La vieja no sabe que estoy en la cocina. Con su lengua de cuchillo amolado monda a mis tías como chinas, las pela como papas o yautías. La vieja Irene no ha visto un falo en muchas lunas llenas, tampoco en lunas de filitos como cuernos. Su vida está vacía. ¿Qué mucho le duele a la vieja que mis tías sean mujeres altas, elegantes, codiciadas, apetecidas. Con la rabia, me escapo por la puerta de la cocina. Este ojo que me mira, me ve cara de ¿qué es lo que pasa? Entro a la casa, todo está vacío. Me indican que es hora de emprender el viaje. Los mudadores han terminado de colocar todo en el camión. Me montan en un carro; nos sigue la mudanza. Me veo camino a Manatí, con cara de aventura, cara de me quiero salir por la ventanilla, me acarician los pequeños aluviones de la brisa, me curiosean las montañas, las rocas escarpadas del río de una orilla, los túneles de flamboyanes al rojo vivo. Me curiosean las calles del pueblo hasta que llegamos a unos altos de la calle El Tamarindo. Al cabo de unos días, archivo a la vieja que crucifica a mis tías con los clavos de la retina. Archivo las andanzas en ese pueblito de mi azarosa infancia.

pujo santo

Alguien trae a la casa de altos de la calle El Tamarindo un canasto de guayabas maduras. Chabela dice que es Antonio, el amigo fiel que alcahuetea a todas mis tías con regalitos y frutas. Este ojo que me mira, me ve con cara de me huele a mi fruta favorita, con cara de un sabor y una fragancia que me penetran las partículas más íntimas. Este ojo me ve con cara de tragona, cara de éxtasis teresino por el saboreo de la fruta orgásmica, cara de éxtasis teresino por el sueño de la unión de mis labios con esa pulpa-comunión con lo divino. Alguien trae un canasto de la fruta alegricida. Yo la muy glotona, la muy desequilibrada, me como más de una docena de la dichosa fruta paraíso. Y luego me veo, cara toda fruncida, cara de pujo con la pena dolorosa de evacuar el cuerpo, cara de me duele el culo, cara de no me sale el mojón en dizque la muy limpia y elegante letrina. Como me lo ordena mi tía Chabela, me ñangoto en la tapa de mármol para pujar con mayor fuerza. Vuelvo a la cara fruncida, cara de pujo, cara de lagrimeo ilimitado, cara de exploto como una bomba de hidrógeno si no me sale el maldito mojón... Chabela me frota el último huesito de la espina dorsal, sí, ese huesito al que llaman rabo o eslabón perdido. Ese huesito que le dio tanto desvelo al pobre Darwin y ahora el de este insufrible dolor mío. Chabela me frota con unto de aceite de oliva y yerba bruja. Chabela me dice que puje, que la bruja rompe los maleficios. Pujo en retahíla: pujo santo, pujo divino, pujo diabólico, pujo con todos los martirios que el pujo denomina... Pujo para la explosión sin medida en la zona de descarga del tremendo torpedo de semillas... Siento que floto en el vacío.

Este ojo que me mira, me ve con cara de un malestar horrible, cara de dolor de estómago, cara de arqueo, cara de náusea, cara de no puedo con el caos y la orquesta de mis tripas, cara de envenenada, cara de me voy a morir sin la absolución de los pecados. Ahora sé que eso es pura mentira. Los curas ignorantes no se dan cuenta que no hay tal cosa. Se trata de desequilibrios. Por hartona de lo que no debo comer, este ojo que me mira, me ve toda descompuesta, me ve sudando a mares, me ve con los ojos como de vidrio. Siento la cara como bloque de hielo, siento que se me va la vida. Todo se debe a que los vecinitos de la calle El Tamarindo, no son pellizco de ñoco, los bandoleros, los muy malvados, los muy embusteros, como saben que soy nueva en el vecindario, me dicen que coma de las nueces del palo de tártago. Me dicen que la fruta es exquisita. Donde vivimos ahora, en la parte de atrás, a la izquierda de la casa, hay un palo de tártago que está recargado de nueces. Siembran ese palo para ahuyentar las brujerías, para ahuyentar a los malos espíritus que envían los enemigos a infligir daño a los moradores de la casa. Se cree que la energía poderosa del tártago maltrata al enemigo como clavo a martillazo limpio. Los crucifica como le hicieron a Cristo. Estoy segura que algún enemigo misterioso de mis tías, algún enamorado dolido que sabe que se preocupan mucho por mí, me ha enviado un espíritu maligno, estoy segura que el mefistofélico espíritu habló por boca de los niños. Por culpa de ellos, me doy un atracón de tártago. Desconozco que la nuez es emética. Ahora sufro por mi tremenda glotonería; vomito hasta el verde de las tripas. Ahora, se ríen de mí los niños sátiros, yo les veo los colmillos de faunos. Juro que todos tienen cara de diablos. Ahora vomito hasta el verde de las tripas. Vomito hasta que siento la panza elástica, vacía. Chabela dice que vomitar es una suerte porque si no me diluyo en diarrea por el hoyo de la letrina. Mi tía me lleva a la cama moribunda, desvalida. Me duermo. Entro en el estupor de una pesadilla. Alucino con el viaje apestoso, me veo soga de churra bajando, bajando, bajando a los malos infiernos por el tubo negro de la letrina. Una recua de diablos zoomórficos multicórneos me hincan con enormes tenedores.

Este ojo que me mira, me ve con cara de insisto, cara de quiero salirme con la mía, cara de tienen que hacer lo que yo diga. Pido que pongan un árbol de Navidad como lo hacen en las casas de mis amigos.. Oigo, con la ironía de la boca de mi tía, –Dichoso embeleco americano. Te obstinas en una pesadilla. Oigo que el árbol no va, que eso es cosa de extranjeros; que eso es cosa de los monos del país, que a Puerto Rico no viene el Santacló, cara de viejo borrachón. Oigo que dicen, –Aquí vienen los Reyes Magos; ellos son los que traen nuestros regalos. Me las ingenio para salirme con la mía, quiero ser mona, no me importa imitar a los americanos. Como mi tía se niega a comprar un árbol de esos de pino abultado que traen del Canadá, me voy al campo con mis amigotes, ellos me ayudan a cortar un tintillo. Lo entierro en una lata que forro con papel dorado. Compro bolas de muchos colores, lágrimas plateadas y un ángel para el cucurucho. Adorno mi árbol, lo pongo sobre la mesa de la sala. –Embelecos de niña ignorante, niña imprudente, niña malcriada, niña mona. Eso dice mi tía. A la Chabela le parece ridículo, quiere ingeniárselas para que yo aprenda a respetar nuestras tradiciones. La muy atrevida sopla un condón y lo cuelga de una rama del tintillo. La bombita me hace gracia porque no conozco su misterio. Todo el mundo se mofa de mi invento. Chabela se las ingenia para que le pierda el entusiasmo al árbol. A los veintiuno, cuando emito el primer voto, comprendo el *fuck the American tree*.

como ánima que lleva el diablo

Siempre me toca corregir los exámenes de la maestra de terce-
ro. Soy la primera que termino de contestar las preguntas y
cuando saco ciento por ciento, me entrega el paquete de exáme-
nes atado con dos gomitas y al otro día se lo devuelvo con los
más, los menos y el promedio de cada estudiante. A manera de
agradecimiento, me da unos golpecitos en los hombros y me
dice que soy un as. Ella me enseña la ética del juego. Me dice,
–No se le regala un punto ni al que trate de comprarte con cara-
melos, ni al amigo predilecto. Si quieren buena nota, tienen que
trabajar. Un día, a fines del curso, la maestra me pide que cuando
termine de corregir los exámenes se los lleve a la casa porque
quiere cuadrar el registro. Como soy tan responsable, no quiero
ni comer para terminar la tarea a tiempo. Al caer la tarde me
encamino a su casa. La maestra vive en una de las calles latera-
les a los jardincitos que están frente a la iglesia. Los jardines
son unos cuadros orillados de hibiscos rojos de los comunes,
cercados con alambre de púa. Llego a la casa, doy tres toques
en la puerta, cuando la maestra abre una de las hojas, sale dis-
parado el perro lobo, me entra el pánico, tiro los exámenes,
corro como ánima que lleva el diablo. El perro se me va detrás,
no creo que tenga intenciones de morderme, parece que sólo
quiere jugar conmigo. Me tira contra los alambres que cercan
los jardines, se me hace tremenda desgarradura en el muslo iz-
quierdo. Sangro a mares. Por fortuna, vivo cerca de la maestra,
llego a la casa de la calle Georgetty, toda bañada en sangre. Mi
abuela y mis tías se alarman. Comentan, –Al frente está el
doctor Marchán, visita a las Ciacas todas las noches. Además,
es el médico de la niña; no se va a negar a atenderla en una
emergencia. Chavela me lleva al médico, éste me cura la heri-
da. El sabe que no hay dios que me coja puntos porque me
conoce como si me hubiera parido. Sabe que me le fugué de la

mesa de operación cuando me quiso extirpar las amígdalas. Nada de agujas o cuchillas. Él goza contando a las enfermeras y a los internos nuevos del hospital que salté de la camilla inyectada y todo, lista para el bisturí, crucé la Carretera Militar con la velocidad de un rayo, exponiéndome a que me arrollara un camión... El muy viscerotónico, el muy gordiflón, lo celebra a carcajada limpia, moviendo los chichos de la barriga. Después de la fuga, estuve más de tres días sin poder pasar nada por el galillo. Me río a solas pensando en la tragicomedia. El sabe... por eso, después del yodo, me manda a dormir.

el mundo de los niños

Este ojo que me mira, me ve cara de mirada ausente, cara de estoy en una nube, cara de enamorada por segunda vez. El primer noviecito fue Jimmy Valedón, aquel niño bello que por Navidad me regaló la caja de talco Coty con el que me empolvaban por las tardes, luego de mi baño. Los dos teníamos cinco años. Los dos nos mecíamos en la hamaca del balcón y nos dormíamos cogiditos de manos, los dos viajábamos nuestros sueños de la tarde como ángeles extraviados por los astros. Este ojo que me mira, me ve cara de pupila ausente. Estoy nuevamente enamorada. El de ahora se llama Luis pero le dicen Luisito. El de ahora es un niño mimado, niño lindo, niño gordito. Todos los días, a las 10:00 de la mañana nos traen la merienda. Allá afuera está la Chabela con el termo de cereales y la galletita o el canto de pan con mantequilla. Estoy requetecontenta porque veo al mensajero que le trae la merienda a Luisito. A los dos nos darán permiso para merendar, así podremos estar juntos un ratito, podremos hablar del mundo de los niños. Nos aburrimos con la falta de entusiasmo de la Calderón. La vieja no quiere contar las historias que nos cuenta; es una jaba sin sal, no quiere matematiquiar, inglesiar, cienciar a la moderna. La vieja quiere mandar la escuela a las ventas del carajo... Ahora aprovecha el recreo para chismear con las otras maestras. Hablan de cosas grandes, divorcios, enredos de mujeres que se la pegan al marido y de hombres que hacen lo mismo. Para Luisito y para mí el mundo es un arcoiris. ¡Qué pena, al año siguiente no nos vemos! Se lo llevan a un colegio de varones. Pasan muchos años. Me he casado, tengo tres hijas, un día, por azar, nos encontramos; Luisito se deshace en estruendos. Este ojo que me mira, me ve cara de sorprendida, cara de mi ilusión rueda por el suelo. Su diálogo, su andar, sus gestos son los de un gordo patuleco. ¡Santos cielos, se le salió el plumero!

Cuando llegas al mundo, tengo nueve años. Cuando llegas al mundo, me pican los celos. Hasta entonces, la Chabela es el ancla de mi vacío, el ancla para la orfandad en que me deja mi madre con su partida en tan doloroso destiempo. La pobre se marcha pulpa joven, pulpa aún apetecida, pulpa virgen para los grandes sortilegios. Cuando llegas, Monona, como te llamo cuando niña, hubiera preferido que fueras macho. Así, por lo menos, yo podría acaparar las atenciones naturales a mi sexo: los vestidos con volantitos de trutrú, el rizado permanente, las cintas para el pelo, las sandalias de último modelo... Van pasando los días, también pasan los celos. Ahora eres muñeca barroca, llena de contornos rollizos en los brazos, en las piernas, en el cuello. Ahora eres muñeca barroca, vestida a todo lujo con traje de chifón y una llamativa pamela rellena de miusoti. Te llevo, con mucho orgullo, de paseo a la plaza del pueblo. La gente no puede creer que eres real, se acercan a tocarte, a curiosear los resortes mecánicos que mueven tu cuerpo. Con mucha iniciativa, les reitero tu naturaleza de carne y hueso. Las dos vamos creciendo. Sé que a ti también te ataca el aguijón de los celos. Lo percibo cuando dices, –A ti no te castigan... A mí me amarran de la pata de la mesa. Chabela comenta: –Eso te pasa por andariega. Es cierto, Monona, a mí no me castigan. Chabela nunca me pone un dedo encima. A no ser que fuera por pena a mi orfandad, porque era un terremoto, desconozco su secreto. Eso sí, no soy producto de su pecado como comentan las sin hueso de las malditas beatas del pueblo. Soy su sobrina pero la quiero con un amor sin fronteras. Confieso que no siento celos. A la mejor se debe a mi aislamiento a esos rincones de nadie donde me entrego a la página, me lleno de mundos nuevos: hadas, duendes, monstruos, héroes, reyes, príncipes, historias de amor para mis sueños. Llevada de tantos y tantos libros llego a los grandes maestros del oriente y aprendo con ellos que las dependencias filiales son una fuente inagotable de angustia. Ahora entiendo tus lazos anímicos, los míos, los de todos. Ahora sé que el amor verdadero sobrevive las distancias, mientras más lejos, más robusto, más completo. Prima, con el tiempo, he aprendido a querer y desquerer al mismo tiempo, algo así como arrimarme sin arrimo, abrazar sin abrazo, besar sin que medien los labios. He aprendido el ritual solitario de la reverencia a todo lo que quiero; pero no sé si puedo reproducir esta imagen en las lunas interiores de nuestros espejos...

culata de potranca

Este ojo que me mira, me ve cara concentrada en lo que estoy haciendo; la tensión hace que con el esfuerzo, los dientes de arriba me pinchen el labio inferior. Este ojo me ve cara de te miro de reojo y me doy cuenta de que no te importo un infierno. Estoy en cuarto grado, en el salón de la Salgado, la que se pinta el pelo de negro retinto, la que tiene una cara festoneada como de caricatura, con culata de potranca, de tan grande que tiene las nalgas, roza a los chicos cuando pasa. La muy maniática me retiene después de la clase. Dice que la Loreina habla que habla. Dice que hablo más que una vieja sin tabaco. Yo sé que no es cierto. Yo sé que no me retiene porque quiere castigarme. La desgraciada sólo quiere que la acompañe en lo que ella termina los planes del otro día; algo le impide ser sincera. La muy maldita me pone a escribir: Carmen Loreina Piñeiro Santos en interminables retahílas. La muy torpe me hace escribirlo en letras cursivas con rabitos barrocos, me hace escribirlo trescientas veces y todavía cuando termino, porque voy a las millas del chaflán y por eso, con la tensión, me pincho el labio inferior, me pide que lo haga trescientas veces más. Para justificarlo, comenta que tengo que mejorar la letra, sé que es ella la que tiene que mejorar la perra conciencia. Lo que sucede es que quiere que limpie la pizarra, que ponga en orden el salón, que salgamos juntas y cierre la puerta. Pero la ovaruda, porque cojonuda es cosa de macho, se reconcentra en su actitud de yo soy la maestra poderosa, la que mando. Escribo hasta que se me hacen callos entre los dedos. Ahora no recuerdo el nombre de la niña con quien, según la muy potranca, doy palique. Esa niña siempre me pide las contestaciones de las preguntas. Se las doy porque me da pena que no participe, que se cuelgue en los exámenes. Sin embargo, a ella no la castigan por bruta o por no estudiar, nunca la dejan después de la clase para que se vuelva aún más morona escribiendo su nombre, sólo a mí, por ser paliquera, como me dice la "vieja potranca", me castigan casi todos los días. La vieja se pinta los labios con una línea de rojo vivo. Del mismo color, más subido, se pinta unas uñas largas y filosas que tiene al rojo vivo. Parecen de diabla. Alguien, comenta su estilo de puta pero a mí me gusta, a mí me parece una vieja exótica. Si no me dejara castigada después de las tres y media, juro que me gustaría ser su amiga, juro que cuando fuera grande me pintorretearía como ella. En vano me detengo en estas quimeras. La muy bruja no va a dejar de castigarme.

muñequito boludo

Este ojo que me mira, me ve con cara de disgusto, cara de furia reprimida, cara a punto de llorar. Por fin llega el último día de clases. Nos vamos de Navidad. ¡Qué día! Me pasa algo terrible. No lloro porque soy orgullosa. No lloro porque la abuela Serafina me dice, –No se llora en público. Tienes que aprender a controlar las emociones. Los más grandes sufrimientos, los que le sacan a uno ríos de los ojos, se lloran en silencio, se lloran cuando nadie nos mira. La abuela no comprende que hay lenguas –punzón de hielo– que destrozan la dignidad humana. La abuela se olvida que las ofensas son peores cuando uno es pequeño. Uno no entiende ni la ironía ni la maldad de la vida. Tengo la moral por el suelo. Por eso, este ojo que me mira, me ve con los labios apretados y los párpados fruncidos de riña, como si me los hubieran prendido con miles de alfileres. Todo porque a la maestra se le ocurre hacer un jolgorio. La muy embelequera quiere que adornemos el salón con motivos navideños y que hagamos un sorteo para intercambiarnos regalos. No sabemos a quién nos toca regalarle, el papelito sólo indica si el regalo es para hembra o varón. Se trata de una sorpresa. La maestra indica que el costo debe ser de tres a cinco pesos. Ponemos el salón chulísimo para que adopte los aires de los festejos: tarjetas, guirnaldas, arbolito... Ninguno de los niños sabe, en realidad, la impotancia religiosa o cultural de lo que vamos a celebrar. Los maestros dan por sentado que nos entra por ósmosis. Volviendo al dichoso regalo, no me gusta regalar porquerías. Por eso cuando llego a mi casa, le digo a mi tía Chabela que yo quiero comprar un regalo bueno. Mi tía siempre tan comprensiva, tan alcahueta, me da permiso para romper la alcancía pero no sin advertirme que en los intercambios de regalos lo que le dan a uno son meras chucherías. Me dice que no me gaste toda mi plata pero yo no le hago caso. Rompo el cochinito orejudo y barrigón. Lo único que sé es que me toca regalarle a una niña. Le compro un lindo juego de té de esos que vienen de la China, me gasto mi último céntimo. Llega el día de la fiesta, todos estamos requetecontentos. Todos con la ropa dominguera. Sirven refrescos, galletitas y bizcochitos de chocolate donados por una de las mamás. Al final de la fiestecita, hacemos el intercambio de regalos. Cuando me toca el turno, me dan un paquete chiquitito. Lo abro con mucho entusiasmo porque he oído decir a mis tías que el perfume bueno viene en pote pequeño. En el paquete hay un muñequito blanco de porcelana, desnudo y güeboncito, de los mismos que compro a cinco centavos en las tiendas de baratijas y un pito de cartón de unos que se soplan y tiran hacia adelante un pistoque con flequillos al extremo. A la verdad que no sé cómo se llaman; pero los odio porque a veces los niños atrevidos nos soplan los malditos pitos en la cara. Este ojo me ve indignada, avergonzada porque soy la única que he recibido esa porquería de regalo. Se dijo que debía ser de tres a cinco pesos. Claro, con la boca de la maestra y de los niños es un mamey y con el bolsillo del padre es un tolete. Eso de intercambio de regalos es cosa artificial. Se debe regalar cuando se siente el deseo de hacerlo. Además, se debe satisfacer el gusto de la persona a quien va destinado. Hay regalos que corren de gaveta en gaveta envejeciendo con el cambio de manos. Estoy furiosa con el muñequito boludo y caripelao. El pobre no tiene la culpa de nada. De todos modos, lo voy a incluir en mi colección con una ropita monísima que le voy a coser. Quiero que me perdone la rabia que tengo. Eso sí, en la escuela no lloro, doy la impresión de que todo anda normal. Espero que llegue a la casa y formo un tremendo zafarrancho con lágrimas a cántaros. El pozo de Alice se queda chiquito. Lo más que me mortifica es que he pelado mi banco, que he destrozado mi cochinito orejudo y barrigón; que ando de luto por su muerte y con una irremediable pelambrera. Juro y perjuro que tengo una furia furibunda. Juro y perjuro que, niña o grande, jamás vuelvo a participar en un maldito sorteo...

así se crece en esta isla

La abuela Serafina me dice que Chabela se fue con su marido a otro pueblo, se fue con ése que nadie quiere porque ha dañado la familia por el único pecado de ser prieto. A mí el tipo me parece guapo. Además me trajo un cocker spaniel lanudo impresionante como sol de ocaso. A la Chabela le encanta todo lo prieto, ella dice que ése es su color favorito. No le gustan los hombres jinchos, le parece que están enfermos. Me quedo triste por la fuga, mi abuela me dice que Chabela tuvo que seguirlo. Lloro sin consuelo, sin descanso porque la ingrata me abandona, lloro porque no se despidió de mí. Yo sé que lo hizo porque sabía que le hubiera impedido el paso. Por eso, este ojo que me mira, me ve en la falda de la abuela Serafina con cara de muy sufrida, cara de jimiriqueo en callejón sin salida... En las manos tengo la polvera de porcelana, con las seis patas de ángeles que la sostienen sobre el tocador. En las manos tengo la polvera donde la Chabela echa el talco que usamos para empolvarnos el cuerpo después del baño de la tarde. Sobo la polvera con nostalgia desesperada, porque se le queda, porque la ha olvidado y ahora la pobre no tiene dónde echar su Maja. Sobo la polvera desesperadamente; la mojo con el flujo torrencial de mis lágrimas. Se me sube el demonio por las patas, me olvido del *cocker spaniel*, me olvido de que el tipo es guapo, me olvido de que muchas veces nos llevaba en el Jeep militar a la playa Mar Chiquita, me olvido de que la Chabela lo quiere mucho y digo como la abuela Serafina que el mulato nos ha dañado la familia. Como bruja que echa culebrones por la boca, se me sale un –¡Ojalá que se muera! Me olvido... ¡qué tragedia! así se crece en esta isla.

"porque hay silencio"

Este ojo que me mira, me ve con cara de aterrada, cara de me violan, cara de me ultrajan. Un hombre se mete debajo de la casa; se abre la bragueta; se saca el arrugado y prieto gusano; se lo acaricia; me lo enseña. Me pide que vaya a tocárselo. Me asusta la visión de sátiro, siento miedo, me le escapo. Me refugio en la cocina con mi abuela que apenas ha empezado a preparar la comida. El ambiente huele al sofrito de las habichuelas. Mi olfato llega a la sartén. La abuela me regala un chicharrón de tocino en una servilleta. Ella sabe que me encantan. Mientras saboreo el chicharrón, la observo en un mudo y acorralado silencio. No le cuento lo del hombre del gusano arrugado y feo. No le cuento que el gusano le creció. No le cuento que está debajo de la casa, no le cuento que no se trata sólo de mí, que también se lo muestra a otras niñas. Lo sé porque ellas mismas me lo han dicho, comentan que es un viejo fresco, que a veces les trastea el sexo. Cuando lo veo, el corazón se me agita, los ojos se me desorbitan pero me callo porque tengo miedo; me callo porque no me atrevo a hablar de esas cosas prohibidas. Y lo peor de todo es que son allegados a la familia como el peón de los ojos de vaca cagona.

los niños hablan cuando la gallina mea

Un domingo, en horas de la tarde, hubo en la casa de la Georgetty una velada espiritista. Había dos velas prendidas a ambos lados de la mesa y una enorme copa de agua en el centro. Según la Chabela, la luz era para alumbrarles el camino a los muertos que vienen a comunicarse y el agua para apagarles la sed del largo camino. En la velada, los espíritus malos y buenos venían a posesionarse de los médiums como ratas a granero. Unos llegaban moviendo los brazos en desesperada solicitud de clemencia, otros llegaban estirándose con pataleos de bestia, todos moviendo la cabeza con "noes" o con "síes" de ataque de epilepsia. Aparentemente, venían arrepentidos de los males infligidos a los hombres y mujeres sentados alrededor de la mesa. A una amiga de mis tías, cuando éstas comentaron la velada, le oí decir que no creía en esas pendejases y la palabrita me encantó, me pareció grande y sabia. No tenía la menor idea de que fuera una mala palabra, simplemente me la guardé en los saquitos del cerebro para sacarla cuando viniera al grano. No pasó mucho tiempo cuando vino una de las señoras integrantes de la velada a programar una nueva sesión espiritista. Aunque no debí hacerlo, estuve pendiente a la conversación de ella con mi abuela Serafina. De momento se me ocurrió meter la cuchara porque quería evitar a toda costa la nueva velada: –Quien habla de espíritus de la porra, ésas son pendejases. Confieso que la abuela nunca me había puesto un dedo encima, nunca me había tocado un pelo. Ahora, por entrometida, por bueno que me pase, por meterme en asuntos que no son de mi incumbencia, por decirle a las dos, con asertividad de niña sabihonda que yo no creía en esas pendejases, la abuela me dio un tremendo tapaboca. La abuela me dijo con mucha rabia en el hocico, –Los niños hablan cuando la gallina mea. Mi abuela era una persona muy correcta. Estoy segura que a ella también, en alguna época de su niñez, le dieron tremendo tapaboca. Estoy segura de que ella también escuchó de boca ajena, –Los niños hablan cuando la gallina mea.

hágase su voluntad

Padrino Pancho no es malo. Sólo se vuelve ogro cuando rompemos las normas de conducta impuestas por él. No entiende que cuando se trata de niños, romperlas es la regla. Y más yo que siempre ando ingeniándome embelecos. Cuando llego a pasar el verano en su casa, masoquista que soy, me llaman trueno, relámpago. A mi padrino lo más que le preocupa son las notas que sacamos en la escuela, sólo respeta las Aes. A finales del año escolar, el muy espía, anda revisando minuciosamente las tarjetas. Todo porque cuando adolescente, con sus tremendas ínfulas de macho, se enredó a los puños con una maestra y según cuenta, no hubo Dios cristiano que le hiciera reanudar las tareas escolares. De ahí en adelante, lo de él eran los carros, las guaguas, los camiones y por supuesto, las mujeres. Según él, esas fueron las razones por las cuales se quedó collera que no es otra cosa que bruto o como bestia. Por eso, ahora tiene que revisar las notas, tiene que asegurarse de que todo marcha a pedir de boca con materias y maestros. Padrino Pancho se casó con mi tía, Pepita, mujer erótica, de una melena negra riza que le bailaba un son candente en las pupilas. Viven en una casita al lado del puente. A la parte de atrás, hay una cueva ideal para una casa de muñecas. Se lo comunico a mi prima, a la que le llevo cuatro años y a veces no le soporto sus malamañas de niña engreída y malcriada. La muy ñoña se entusiasma rápidamente con la idea y nos damos a la tarea de mudar muñecas, mueblecitos, juegos de porcelana y demás tereques juguetiles al nuevo domicilio. De nuestro desayuno, guardamos una poquita de avena y unos pedacitos de pan para servirles la mesa a las muñecas. La muy ingeniosa de mi prima, le embarra toda la cara a la negra Yoyó de trapo y al otro día arma tamaño pataleteo porque los ratones le comieron el hocico. La apaciguo prometiéndole que le hago otra. Le digo: —Nada, le pedimos al padrino que nos lleve al pueblo a comprar los materiales. Te hago otra Yoyó como un sol de bella. Eso sí, me prometes que no volverás a embadurnar de avena a las muñecas de trapo. No recuerdo si la tonta se olvidó de la promesa porque con ella no había promesa que valiera, con ella y por culpa de ella pasé un millar de malos ratos. Siempre se salía con la suya. Un día, la muy voluntariosa, le pidió a grito limpio a mi pobre tía que le levantara el vestido naranja de crepé *georgette* volátil a la Dorothy Lamour de un almanaque. La soberana quería verle lo que tenía debajo de la falda. La soberana quería ver si la tipa tenía *blumers* porque a ella le encantaba andar media desnuda y descalza. La soberana le dijo a mi tía que se ponía *blumers* y botas sólo si le alzaban el vestido a la tipa del almanaque. No entendía que era misión imposible. Me hubiera encantado verle la cara que ponía cuando le viera la tamaña pelúa a la Lamour... Me hubiera encantado que, por esta vez, se saliera con la suya. Mi prima era algo fuera de serie. Antojo de ella y gustoso consentimiento mío, eran los entierros de cuanto animalito moría. Una mañana encontramos un coquí estirado patasarriba; lo metimos en una cajita de fósforos; hicimos un hoyo en el lugar designado para nuestro cementerio; lo enterramos; cubrimos el túmulo de tierra con flores silvestres y le pusimos una cruz de palo a la cabecera y una lápida que decía ,"Aquí yace un coquí". También por esos días, la soberana tuvo un antojo que no pude complacer, quería que me orinara en la plancha de carbón para ver salir el chorro por el roto del humo. La plancha le daba al baño de la cueva guille de inodoro. La última vez que me oriné en la plancha, me vio el hijo de Minga. Pasé un tremendo bochorno, la cara se me puso como un tomate. Por eso le digo que no. La tonta formó un lloriqueo impertinente. En la casa estaba de visita mi tío Herminio. Ante las quejas y el alboroto de la malamañosa, mi tío se quitó la correa de cuero, me dio una paliza que me dejó unos verdugones como corricanes por todo el cuerpo. Por varias

78

semanas me tuvieron que curar con sebo blando. Todo por mis malditos nervios, cuando me pegan, en vez de llorar lo que hago es reírme del miedo. El muy bruto de mi tío se creía que me estaba burlando de él. Mientras más me reía, más me pegaba. Le bastó esa animalada de macho maltratante para que su presencia me causara recelo y repugnancia por el resto de su vida. La Bestia bebía cerveza como si ésta saliera por plumas con pillos. Por empinar tanto el codo la Parca le cortó el hilo de la vida antes de tiempo.

una de cal y otra de arena

Este ojo que me mira, me ve todo el cuerpo marcado por los verdugones de la escarpiza que me dio mi tío. Estoy toda llena de untos y el dolor me agobia. Pero nada me impide trabajar en lo que mi tía me asigne. Ahora se le antoja que tiente a una gallina a ver si tiene huevo. Mi tía sospecha que la intrépida tiene un nidal en el monte. La tiento metiéndole el dedo meñique por el ano como me lo ha eseñado ella y toco el cascarón del huevo. Me convierto en su detective hasta que la veo enfilar para su nidal. Para mi sorpresa, lo tiene a la parte de arriba de la cuevita que es nuestra casa de muñecas, la dejo que ponga el huevo y luego cuando sale cacareando su feliz parto, me acerco al tesoro . —¡Doce huevos! Cuando meto la mano para agarrarlos una culebra, también espía, me saca la filosa lengua. Mi grito la espanta. Así salvo los huevos. Esa noche comemos tortillas. Los verdugones no me impiden nada, ni siquiera ir a la iglesia el domingo. Quiero salir, ver mundo, me hago de la idea de que no me duele absolutamente nada. La voluntad se encarga de la magia de vivir. Después de la misa, le pido permiso a la tía Pepa para ir de pesca al río que está bien cerca de la casa. La orilla es un nigüero exquisito que se llena de diminutas flores blancas. Por doquiera corre la enredadera. Ahora está cargada de frutitas color casco de huevo, dulces, jugosas, deliciosas. Les llaman niguas porque se parecen a la otra nigua, al maldito insecto chiquitito, como pulga, que se mete por el cuero de los pies, hace su bolsita, como la fruta, donde pare un fracatán de huevitos causando úlceras e infecciones desastrosas. Las dichosas niguas son una tremenda plaga. Una de ellas, atrevida, aventurera, solapada, se me metió en la esquina del dedo grande del pie derecho, parió sus huevos sin contar con mi consentimiento. El dedo se me hinchó como bola, me dolía a muerte. Mi padrino desinfectó un alfiler a la luz de una vela, sacó la prole infernal y me puso alcohol y yodo para el cabal exterminio de la prole. Por más de una semana, no pude caminar. Gracias a todos los santos del cielo, no me han vuelto a atacar. Las canallas no respetan ni a los niños con zapatos. Dejando la maldita nigua a un lado, mi prima la Panchita y yo nos vamos al río. Ella lleva su pocillo porcelanizado para que le recoja niguas de las buenas, a la golosa le encantan. Primero la complazco y luego me meto al río. La Panchita se sienta en una roca con sus golosinas y una olla grande, media de agua, entre las piernas. Nada me fascina tanto como sentir entre mis manos una guábara presa, lo mismo con el camarón bocú. Claro, primero le arranco las palancas para que no me muerda. La Panchita se emociona cada vez que llego con la presa en mano. En la olla, nadan apretujados unos encima de los otros. Aunque la Panchita es una picoreta, ahora guarda religioso silencio. Sabe que si habla, ahuyenta la pesca. Con mucha paciencia, levanto cada piedra y zas, guábara o camarón caen víctimas de mi destreza. Cuando la olla se llena, volvemos a la casita triunfantes, satisfechas. Esa tarde, sobre la mesa, el rico asopao habla de nuestra gesta. Una de cal y otra de arena.

como perros enjaulados
que sacan a dar del cuerpo

Este ojo que me mira, me ve muy inquieta en el pupitre; estoy pendiente del reloj. Faltan unos tres minutos para que suene la campana del recreo en la escuelita elemental de Torrecillas. Al llegar a ese punto, la maldita aguja se hace sorprendentemente lenta, tan lenta que yo me desespero. Parece que tuviera un hormiguero picándome las nalgas. Quisiera ser esa reinita que de vez en cuando entra al salón y vuela por las cercanías del techo, sí, pensar que la aguja es brizna para mi nido y darle un tremendo picotazo para moverla al justo lugar de la hora del recreo. En esa quimera estoy entretenida cuando suena la campana, todos salimos apretujados como los perros enjaulados que sacan a dar del cuerpo. Queremos aprovechar cada segundo del limitado tiempo. Primero, vamos a los baños, luego a la tiendita a comprar el maví, el bombotó, el tontón o el bembeteo. Atragantados pasamos a la retahíla de juegos: Peregrina, Cuica, Doña Ana, Arroz con leche, Matarile, Verbena... "Con El hijo del Conde" las chicas desahogan las frustraciones amorosas porque todas le envían un papel diciéndole al aristócrata que se quieren casar con él. A mí, me da lo mismo, no tengo a ningún conde en la cabeza, tal vez porque estoy muy ocupada tratando de ayudar a mi tía Pepa con los quehaceres de la casa, y en las noches, al flojón de mi tío Víctor con las asignaciones a ver si puede graduarse. Como fue el último en salir del vientre de mi abuela, al pobre le tocó poca materia gris. Eso sí, en la hora del recreo, ni por santo bendito del cielo, miro papel alguno, sólo me pierdo en el mar de tantos juegos. Cuando nos cansamos del Conde jugamos a la Doña Ana; a mí me fascina que me toque el papel de la doña al centro de la rueda, Así puedo decir lo que me venga en gana cuando me pregunten, –¿Cómo está, doña Ana?

82

Me encanta pasmar a los chicos con gritos como, –Dracúleaaa. Los tontos ni siquiera saben que se trata de chuparles la sangre. Pero la mejor parte es cuando les grito, –Con la vela en la mano. Van preparando el miedo. Por último estallo con el, –Muertaaaaa... Todos salen corriendo y gritando, –Ay, me coge la doña Ana... Siempre dejamos para lo último el juego "Al esconder". Buscando los mejores escondites se nos agita la sístole y la diástole a nivel de luego bebernos la fuente. Un día me ovillo entre las higueretas sombrilleras que crecen detrás de la tiendita; suprimo la respiración, encojo cada átomo de la célula. Poco a poco, se me calma el espíritu; nadie me encuentra, pasan unos minutos, empiezo a preocuparme; salgo del esondite, todo está desierto. ¡Madre, han tocado la campana! Entro al salón haciéndome la "mosca muerta." Para mi sorpresa, el bonachón de míster Collazo pide un aplauso para la que no pudieron encontrar, entre las risas y los comentarios, me vuelve el ánima al cuerpo. Adoro al bonachón y reguapo, además de medio poeta, que es nuestro maestro. A veces pienso que a él le debo la cantera de versos que me salen de la cabeza. Ahora que sé que no me va a llamar la atención por mi despiste, muy tranquila me doy a las tareas. A la verdad que el arte de enseñar debe ser una seria guachafita.

con la "V" de la victoria

54

Este ojo que me mira, me ve cara de soplona, cara de muevo los labios en forma precisa enfatizando cada sonido para que mi tío Víctor pueda imitarlos. El pobre no retiene las materias y siempre le tengo que susurrar las contestaciones a las preguntas que le hace el maestro. A mí me brincan de cuarto a sexto. No sé por qué razón me mandan a vivir a la casa de mi padrino. A la mejor no pueden con mis arrebatos. La Chabela dice que no soy pellizco de ñoco. Soy una niña malcriada, necesito del tipo manodura. También mandan a mi tío Víctor pero él siempre está callado, creo que le tiene mucho miedo a los inclementes correazos del padrino. Aunque mi tío es mucho mayor que yo, estamos en el mismo grado. El pobre se murió muy joven, por empinar demasiado el codo, la cirrosis y la Parca misteriosa le cortaron el hilo de la vida. Quién sabe qué angustias ahogaba en la botella porque mi tío fue una de las muchas víctimas del abandono de mi abuelo. A la verdad que hay un número bien significativo de machos irresponsables en esta Isla. Los dignos de panegíricos y jaculatorias se pueden contar con los dedos. Aquí, en vez de padres putativos hay padres putos e irresponsables. Mi tío y yo terminamos en la casa del padrino y la tía Pepa. A ella, el padrino la tenía, como dice el populacho, sentada en el baúl. A veces creo que mi tía Pepa no piensa con su cabeza sino con la del marido. Para el colmo, mi tía era tan lenta que sus hermanas le pusieron el mal nombre de "cilindro". Acumulaba unas trasteras en el fregadero que a una le tomaba dos o tres horas liquidarlas. A la pobre se le iba el día en dar vueltas como un caracol. Cuando mi tío Víctor y yo hacíamos algo que estaba fuera de orden conforme a su criterio, nos amenazaba con darle las quejas al ogro de mi padrino sabiendo que era bocón, tirano y abusador. Los niños, por temor, callan el maltrato, por eso no hubo querella ante los tribunales. La tía Pepa, sometida a su antojo, no servía ni para corregirnos. Francamente, nunca entendí ni su blandenguería, ni su sometimiento, ni cómo le aguantaba sus puterías. A la verdad que yo la quiero mucho pero no le perdono el que no nos hubiera dado una buena nalgada en el trasero y santo y bueno. A veces pienso que ella también le tenía miedo al Yampa, como le decían a mi padrino. La muy melindrosa obedecía sus órdenes al pie de la letra. Le tenía todas sus cosas en orden, le servía la comida como a un rey y no se sentaba a la mesa con él sino que lo hacía como el ritual de una sirvienta. Para colmo, le lavaba los pies y se los perfumaba como si fuera una Magdalena sin el santo Cristo. Yo le hubiera dado tremenda patada por el trasero que lo embalara a la quinta galaxia. La tonta de mi tía hacía muchas otras cosas que mejor me las callo. Sin embargo, no debo pasar por alto que todos los sábados le planchaba los casimires negros con placa para que mi padrino se fuera a lindear con la chilla de turno. Volviendo a mi tío Víctor y sus problemas escueriles, él y yo fuimos a pasar una temporada en una casa que estaba frente al puente de la entrada de Morovis. A los dos, nos matricularon en el sexto grado en una escuelita de Torrecillas. Allí teníamos que saludar la bandera todos los días antes de entrar a los salones. A mí no me interesaba jurar fidelidad a una bandera que no era la mía. A la monoestrellada, lo hubiera hecho con emoción mística. Pero yo sabía que aquella bandera no era la que sacaron del baúl de mi madre y abrieron y extendieron a todo lo largo y lo ancho del comedor de la casa de La Aldea cuando anunciaron el desacato. En aquel baúl mi madre guardaba todo lo que tenía que ver con el partido nacionalista. Por eso yo me resistía a saludar la bandera de los norteamericanos; por eso decía muy bajito, para que el maestro no me oyera: –*I don't pledge...* Mi tío se hacía el chueco porque no le salía ni una palabra de inglés, es más, no podía ni con el español. Al pobre, por colgado, no le costó otro remedio que estudiar con su sobrina. Se sentaba a mi lado para que le soplara las contestaciones y le ayudara con los exámenes. A veces el míster Collazo lo cogía de sorpresa con una pregunta y mi tío respondía con puros disparates. Si le preguntaba cómo se decía toronja en inglés, mi tío contestaba, –Míster, *toron*. Si picota, –Mister, *picot*. Inclusive el maestro, se arrastraba de la risa y ni hablar del despelote que se formaba en la clase. Al maestro le encantaba la poesía, en especial la modernista. Nos hacía memorizar largos poemas pero mi tío que no podía con la prosa, menos iba a meter mano con el verso, sólo aprendió a leerme los labios cuando yo le soplaba las estrofas; pero muchas veces el pobre se equivocaba. Un día el míster nos pidió aprendernos de memoria la "Margarita..." de Rubén Darío. Le repetí el poema a mi tío más de diez veces y él ni pa'lante ni pa'trás, no daba pies con bola. Cuando le tocó el turno del recitaje estaba tan nervioso que no podía descifrar mis labios. Le soplaba, –Margarita, está linda la mar. Él, para salir del paso, terminó diciendo: –Margarita, tú te vas muy lejos y yo voy detrás... La risería se salió de madre, la risería se diluía en los hoyos negros para el reciclaje de la bayoya y la guachafita. A pesar de todo, mi tío se graduó conmigo a los acordes de Schubert, " Adiós escuela / de mis amores / pienso ya partir...". En la foto que nos hicieron después de la graduación, en un local cachendoso con el clisé del paisaje en el trasfondo, aparezco sosteniendo en mi mano derecha la "V" de la victoria, la de él y la mía, formada con los dos diplomas...

nada detiene mi vuelo

55

Este ojo que me mira, me ve cara de terror, cara de me viene la correa de cuero con la hebilla de bronce para encima, me ve cara de me han roto una tetilla... Ay, la pobre me ha empezado a crecer, está en camino de ser teta de mujer. Y lo peor es que me la rompen sin razón. La Dulce María –ironía de su nombre– le ha dicho a la malamañosa, voluntariosa, malcriada y estúpida de mi prima, la Panchita, que soy yo la que no quiero jugar con ella. Mi prima berrea como una cabra. Le da la queja a mi tía. Todo es mentira, es la Dulce María la que la odia por dominante, por jodona. Es la Dulce María la que no quiere que juguemos con ella. Mi tía, la Pepa, en vez de corregirnos, de castigarnos ella misma, cuyo castigo no sería tan severo, le guarda las quejas al monstruo de don Pancho, mi padrino. Por eso los malos recuerdos y el resentimiento no me permiten quererlos como ellos quisieran. Y es que el que no siembra no cosecha. Ella sabía que mi padrino era violento, maltratante, abusivo. Ella sabía muy bien que cuando le daban quejas, él se ponía como una fiera. Ella sabía que mi padrino era un tipo de me quito la correa y te dejo en el cuero verdugones como calles o avenidas. Ella sabía que luego había que curarnos con sebo blando. Ella sabía que mi padrino se las traía, por eso este ojo que me mira me ve toda retorcida en la tierra, con una tetilla rota, sangrando a mares... Estoy allí frente a la casa con mis lágrimas, mi vergüenza, mientras la diabla de la Dulce María –ironía de su nombre–, la muy sadista, la muy demonia se goza mi desgracia desde el palco del balcón de su casa. Mientras esto pasa, la angustia me sueña mujer monotética. La Dulce, mejor Retama, sabe que mi situación es un callejón sin estrellas. Ahora me pierdo entre ellas, ahora me siento energía sana, fuerte, eterna, ahora, este ojo que me mira, ve los átomos de mis células entrar y salir por los hoyos negros en frenético reciclaje de la materia. Los átomos me pueblan de metáforas el antojo de moradas nuevas. Nada ni nadie detiene mi vuelo infinito al rompecabezas de las esferas.

Madre nuestra, que estás en los cielos

Este ojo que me mira, me ve cuando despierto con una cara de susto, cara desorbitada. Me olvido de tus rezos. Me siento en el borde de la cama. Comienzo las oraciones. Este ojo me ve con la cabeza baja, los ojos cerrados, en un discreto diálogo con todo lo Supremo. Por mi cerebro fluyen padrenuestros, avemarías, salves y credos. Todo un ritual para tu ascenso. Cuando mueres, madre, todos oran por tu descanso. Se ofician nueve días de rosarios frente a un altar lleno de flores tropicales que rodean la Virgen de la Monserrate. Tú eras una de sus peregrinas. También Andrés, el Alcalde, ofrece unas misas por tu elevación. Todos quieren que hagas un buen viaje al cielo, absurdo porque en el cielo estamos. Tú sabes que somos una esfera sostenida en el espacio por la maravilla de la gravedad. Lo que quieren es que tu complejo electromagnético encuentre su justa dimensión. Quién sabe dónde estás. Sólo quisiera encontrarte en otro planeta donde el amor crezca hasta en los árboles. Madre, acá en la Tierra, todos rezan por el bienestar de tu espíritu. Aprendo a rezar desde los cinco, pero no es hasta los siete, después de la primera comunión, que hago el pacto contigo. Después de tu muerte, tú sabes que a veces se me olvida rezar; pero me despiertas con unos toquecitos en la frente. Asustada me siento al borde de la cama, rezo en forma automática hasta que me sobrecoge el sueño. Siempre siento algo de miedo, por eso te pido en nuestro íntimo pacto que cuando ya no necesites mis rezos, no vuelvas a despertarme. Cuando cumplo los once, dejas de hacerlo. Ya para entonces, mis rezos no son los de una autómata, entablo un diálogo amoroso contigo. Intercambiamos inquietudes sobre los misterios de la vida. Son oraciones que me salen de lo más íntimo del alma, oraciones maduras, evolucionadas en metáforas claves para ti, para todas las madres en la arcana espiral de los astros. Madre, qué falta me haces... Compulsivamente rezo: –Madre nuestra que estás en los cielos, diosa tutelar para los golpes del camino, santificado sea tu nombre, venerado tu recuerdo...

la cucaracha martina

Este ojo que me mira, me ve con cara de niña coqueta, cara con
remeneo de ojos y de melena para que me noten los chicos en
la Intermedia, cara de ya me interesa el sexo opuesto. Me
empolvo como la cucaracha martina, me pinto las uñas, me
aprieto la cintura de avispa, así puedo remenear mejor la cola.
Brillo los zapatos, escojo los mejores vestidos, me hago los
papelillos con el agua de azúcar, aunque me lleven las hormi-
gas. Me hago los papelillos aunque me asusta verme como es-
pectro o ebe de otro planeta en la luna del espejo. Sé que los
papelillos molestan para dormir pero la melena riza es uno de
mis anzuelos. Hay unos cuantos chicos que me miran revelán-
dome el "tú me gustas". Y yo juro que un millar de astros se
prende en mis pupilas. Amésaga me entrega cartas con cancio-
nes de moda: "Si no eres tú / yo no quiero que me hablen de
amor/ porque mi vida sólo pertenece a ti / Si no eres tú / en mi
vida no habrá un ideal /... porque nadie comprende mi amor / si
no eres tú...". A mí, aunque el tipo no me gusta para nada, se
me infla el ego. Supongo que es cosa natural en las mujeres.
Pepe me mira con ojos verdes embadurnados de caramelo y sé
que quisiera un mechón de mi pelo porque dice que si lo pone
debajo de la almohada sueña con su idilio secreto. Pedro, el
muy granuja, me dice que no le gustan mis labios, que soy
boquifea. Me quejo a la hermana, Ernestina, que es la maestra
de inglés. Ella me pide que no le haga caso que lo que sucede
es que Pedro se hace un chicho con mis coqueteos. Ella me
dice que al verme se le turban las palabras en el seso. Yo tam-
bién lo molesto, le digo San Antonio porque tiene un recorte de
dita y él me mira como mártir camino a los leones, me mira
como mártir porque no entiendo sus oscuros fuegos. Marcial
me sigue como si fuera mi sombra y yo le huyo como a fantas-
ma de ultratumba. No me gusta el emplaste de brillantina Halka

que se hace en el pelo. Nadie comparte mi íntimo secreto; sólo un maestro regordete que se llama Míster Grauleau, un duro en las matemáticas. Él ha visto cómo miro con el rabo del ojo al Ismael de mis desvelos. Él se da cuenta que el tipo es el Antares de mis sueños. Él ha visto que yo, gata Zapaquilda, le tiro los puñales de mis ondas electromagnéticas a ver si atraigo los sentires de su pecho. Él sabe que quiero con los proyectiles de mis partículas estimular las ondas eróticas de su cuerpo. Ese viejo gordo es un amor, me requedo luego de las clases para ayudarle a poner en orden el salón. Me gusta hacerlo reír para ver cómo al viscerotónico le tiemblan los chichos de la panza. Grauleau es un universo de comprensión, con mucha cautela me aconseja que no debo fijarme en Ismael porque en su clase no da pies con bola, no puede ni con un dospordós. El profeta parece que me intuye peregrina del espacio... El profeta parece que adivina mis vuelos interespaciales. Grauleau no sabe de otro chico que baja en la guagüita azul con reses al matadero, no sabe de sus ojos como luceros para el trino bengala de los candentes átomos de mi cuerpo. A pesar de sus consejos, con las esmeraldas antares de mis desvelos, sigo yéndome de vuelo...

la pata solitaria

Este ojo que me mira, me ve muy apurada. Se me infla la cara, se me pone papuja. Tengo la vejiga a punto de estallar. Me aterra ir al baño. Por toda la escuela Severo Quiñones los chicos comentan el mito de la "pata solitaria" que camina por el baño de las niñas. Cuentan que las persigue por los cubículos de los inodoros. No quiero un accidente y por eso me envalentono y decido pedir permiso a la Mendoza para ir al baño aunque la "pata solitaria" me persiga; es más aunque me patee. Me preocupan mis poderes auditivos. Con frecuencia escucho las voces de los muertos, especialmente el reclamo cariñoso de mi madre. Aunque ya me he impuesto a no temerle a nada, siempre tengo mi recelo a ver sólo una parte del cuerpo en acción, prefiero verlo entero. Son muchos los relatos de las niñas que han visto la "pata solitaria" taconeando su sendero. Salen del baño con las caras aterradas, salen a las millas con tremendo susto y caras de fantasmas. Aún así, tengo que ir al baño o me orino encima. No quiero morirme de la vergüenza; no quiero que me digan la meona; no quiero tener que dejar de venir a la escuela. Me envalentono; entro; orino; me subo las *pantis*; salgo del cubículo más muerta que viva y de pronto oigo que me sigue con un paso muy certero, el taconeo con golpe de palo, sobre loseta hueca, corro, grito, llego al salón sin aliento. La maestra me dice que estoy pálida como vela de sebo. Al cabo de mucho tiempo, en la oficina del acupunturista Carlos Náter, mi compañero de clases, se me aclara aquel misterio. Carlos me cuenta que la escuela está en tierra de un antiguo cementerio. Ahora comprendo que el muerto es un cojo territorial como los perros. Ahora comprendo que el muy soruma materializa la pata para echarnos de su predio. En aquellos tiempos, la maestra de español era la Mendoza, una vieja cómeme con unos dientes largos y afilados como los del lobo de la Caperuza. La vieja era tan dientúa que cuando hablaba roceaba con saliva a los de la primera fila, por eso Carlos Náter y yo nos sentábamos a la parte de atrás. La vieja tenía sus manías y para colmo era hipocondríaca. Tenía una botica montada en la casa y un pánico a los microbios que cuando quería un café, para sacar las monedas de la cartera usaba un pañuelo. Pero ahí no acababan sus locuras, los pollos y gallinas que comía tenían que ser bien frescos. Mandaba a los chicos de la clase a buscarlos a la Plaza del Mercado y les exigía matarlos, echarlos en agua hirviendo, pelarlos para ella llegar a prepararse su asopao. Un día mandó a Carlos con Olga Larregui a comprarle una gallina. Ninguno de los dos sabía un comino sobre matar aves pero querían darse el paseo. Sé que Carlos le tenía el ojo puesto a la chica, sólo eso le lleva a prestarse a la patraña. Tuvo que ahogar la gallina en el agua hirviendo. Contándolo, muerto de la risa, estertorea como el ave cuando perdió el último hálito de vida. La vieja estaba del cará... Una pena que la "pata solitaria" no se le apareciera a la Mendoza en el baño de las maestras y la asustara de tal manera que virara el ojo y enterrara tanta manía.

manchas oftálmicas estrellan los cielos _____

Este ojo que me mira, me ve asustada, turbada, con ojos de no
espero la novedad; con ojos de ¿qué hago? Estoy muy abo-
chornada por haber expuesto, ante los invitados, la mancha of-
tálmica. Me llega la regla a los trece años. El fuego de la cara
se me sube al cabello. Me encojo, me timideo, me siento reo
camino del suplicio o animal camino a matadero. Mi prima
Juanita y yo, salimos de la iglesia al terminar la misa del Do-
mingo de Ramos. Vamos a la casa de una amiga de ella. Como
de costumbre, llevo traje blanco. Está hecho de etamina a
cuadritos en relieve de busila; tiene un escote redondo con vo-
lantes orillados de guipur. La anfitriona, hospitalaria, como son
los puertorriqueños de este tiempo, me pide que me siente. Es-
cojo el sofá de caoba con lunas de pajilla. Al rato me levanto a
tomar de la bandeja de obsequios, sobre la mesa del centro, una
galletita. Me llaman la atención porque mi falda está mancha-
da. Me llaman la atención porque soy mujer y lo estoy osten-
tando. Este ojo que me mira, me ve cara de fuego como la
delatadora mancha oftálmica. Me llevan a un cuarto, me des-
visten para poder sacar la mancha. Me dan un pañal de gaza,
una tirilla elástica y unos imperdibles. Me muestran el proceso.
Todavía, en las farmacias, no hay kotex. No me atrevo a salir
del cuarto. Sueño fantasías para recobrar los ánimos: Es de la
primavera la estación florida y arriba en el negrecido cielo el
toro gongorino pace estrellas, estrellas rojas como la mancha
de mi vestido. Ay, toro de mi sueño, hoy tus estrellas son el
astro de mi pesadilla. Me marcho por la puerta lateral que da al
balcón. Me voy a la casa de mi tía con el sabor de mi vergüen-
za. No sé caminar con el maldito paño entre las piernas. No
importa porque sólo se entera el asfalto de lo mal que lo hago.
No importa, pienso superar el inicial espanto. Poco a poco, me
rehago, asumo la táurica esfinge porque ahora tengo un templo

entre las piernas. Algo íntimo me dice que el trece es mi número porque el trece provoca cambio. Como Ulises, escapo el apetito de los Cíclopes. Con el peso de las galaxias sobre el hombro peregrineo entre los luceros. Manchas oftálmicas estrellan los cielos.

concurso de tetas

60

Estamos en el curso de Economía Doméstica que dan en la Escuela Intermedia. Se aprende de todo: a coser, a zurcir, a tejer, a bordar, a cocinar... Las buenas bordadoras, en especial las que hacen los bordados en sombra, como yo, cumplimos con los contratos de trajecitos para niñas que tiene la Quiñones con tiendas del exterior. Las bordadoras estrellas hacemos un traje por semana. Eso garantiza los billetes de la vieja y la A de nosotras. Durante los meses de cocina, nos tenemos que cambiar de ropa para no dañar el uniforme. En los cambios de ropa se forma la tángana. Marianita organiza el concurso de tetas. Por supuesto, a escondidas de la maestra. Tenemos que mostrarle a Marianita nuestras crecientes turgencias. Ella clasifica: Fulana: tamaño quenepa; Sutana: tamaño limón; Mengana: china, toronja, guanábana, panapén... Siempre gana Marianita. Muy orgullosa de sus protuberancias panapénicas, sale "pecho de paloma" a lucirse por los alrededores de la escuela para que los sensualitos se deleiten. A mí me da lo mismo tener quenepas o limones porque todavía no tengo las grandes ilusiones del amor. Lo de Manuel, con quenepas o quenepones, vendría un poquín más tarde.

eso es vivir... ⎯⎯⎯⎯⎯⎯⎯⎯⎯⎯⎯⎯⎯⎯

Este ojo que me mira, me ve con cara de regocijo, cara de feli-
cidad, cara de soy libre como el vuelo de los pájaros. Un grupo
de la clase de noveno grado decide, como decimos nosotros,
irse a comer jobos. Queremos cortar clases, en especial, la de
español. La vieja nos cae muy mal. La vieja usa un español
españolizante, en vez de darle el deje criollo a lo que habla, la
vieja no se quiere comer las eses, a la mejor cree que se indi-
gesta. Para colmos, la maja cecea como los madrileños, la bur-
lona nos saca la punta de la lengua. Voy con la melena rubia
ceniza echada toda para un lado y agarrada con un pinche dora-
do. Sólo porque quiero imitar a La Ketty, la bonita, elegante, y
muy admirada maestra de inglés que habla como una america-
na. Con su cara de óvalo nieve y su abundante melena
mozambique se ve requeteguapa. Todas las chicas de la clase
quieren imitar su peinado y su forma de vestir, todas las chicas
saben que los chicos andan que se mean por ella. A muchos se
les ve hipnotizados, tal parece que anduvieran extraviados por
los planetas de la quinta galaxia. Juro que andan entre lunas
nuevas de melao me lamba. Apuesto cualquier cosa a que sue-
ñan con pajaritos preñados. Me veo con el grupo de la Interme-
dia de Gurabo, enfilando por la orilla de la vieja carretera hacia
Juncos. Nos hemos escapado, Carlos, Manuel, Hilda, Marianita
y la chica que no tiene pelo y siempre lleva gorra estilo cofia de
tela de parchos. Todos la queremos mucho y la admiramos
porque ella, a pesar de su cabeza pelona, le ríe a la vida con
trinos de mayo. Estamos en los meses de la zafra. Los mucha-
chos le halan las cañas a los caminones, las mondan, las pican
en trocitos y todos chupamos. Coqueteo. Va Manuel en el gru-
po y aunque no me mire, en secreto, me muero por él. Coque-
teo. Manuel es guapo como estrella de cine. Coqueteo. Sé que
sólo Carlos su hermano chaparro y, a mis ojos menos agracia-

98

do, se desvive por mis contoneos de adolescente con ínfulas de mujer. Sólo Carlos me mira con entornos pupilosos de me gustas. Manuel sabe que es el adonis del grupo porque todas le menean el rabo y él, con aire de protagonista de novela, con aire de estoy que no me duele una uña, con aire de estoy como te lo recetó el médico, con aire de estoy por la maceta se echa el mechón rubio hacia atrás como si quisiera comunicarnos, "ninguna me va a conquistar". Vamos felices, chupamos caña, bromeamos, saltamos como garzas con el éxtasis de la fuga, saltamos como garzas porque atrás hemos dejado la rutina, saltamos como garzas porque nada es comparable a un día de abandono por los campos, saltamos como garzas porque entendemos que eso es vivir... Al cabo de unos días, nos graduamos de noveno grado. Mi traje de graduación es horripilante y mi trompa es tal, que si me cortan como a la Elena de la plena, no hecho ni pizca de sangre.

se mueren por los huesos

Este ojo que me mira, me ve ladeada la cabeza, con oreja de no creo lo que oigo, con oído de no doy valor a las ondas que emiten los sonidos. Ni mi cara, óvalo-corazón, ni mi cuerpo Twiggi, cumplen con la estética de mi país. Mi abuela me dice que me quedo para vestir santos porque a los caballeros, diría caballos, les gusta la mujer gorda, con las protuberancias de abundantes chichos. Para mi abuela, mi cuerpo flaco no satisface el apetito de los machos puertorriqueños. Los sensualitos, los maniatiquitos, los muy resuelvo los problemas políticos del país, como lo expone Wico, en la corteja de turno, no le harán caso al contoneo de mis huesos. Mi abuela, en su afán de verme gorda, me dice que sólo apelo a la estética de los perros. Ellos se mueren por los huesos. A lo mejor por eso me siguen los chingos realengos. Mi abuela dice que mi cara extraña, óvalo-corazón, ni fu ni fa, tampoco ayuda a la gestión casamentera. Mi abuela dice que tengo que prepararme para la soledad porque no va a ser fácil competir con mis primas, en especial la Maritere, reina de belleza. Eso también lo dice una tía con ínfulas de aristocrática, a la que le faltan varios tornillos. El futuro demuestra que en los bailes de la Sigma Ypsilon a mis primas las dejo sentadas. Como trompo, bolero, congueo y rumbeo hasta la madrugada. Mi abuela dice que debo tomar el doble grado superior y ahí me tienen con el general y el comercial. La pobre no tiene visión de futuro, no percibe el entierro del óvalo clásico, la invasión de la estética de los americanos. No percibe la era de las dietas para la figura esbelta; la era de los pechos como tablas, de las nalgas sin el apremio del silicón. Las Chacones no están de más. Bastan para el estímulo de los sensualitos. Bastan para que a nosotras las flacas, los enfermitos nos dejen en paz. La década del cincuenta abre el apogeo de las flacas y las caras raras. Con velas o sin velas a San Antonio, me aparecían los novios a montones.

pesada la Pesante

Este ojo que me mira me ve sentada en un salón de la Escuela Superior Central. Este ojo me ve cohibida, indecisa sobre entregar o no el trabajo que nos ha asignado la maestra. La Pesante honra muy bien su nombre. Es una vieja, humillante, super pesada como las ciento ochenta libras que le calculo. A la verdad que es una mulata de armas tomadas, su trasero es tan gigante que parece una elefanta. La Pesante se me acerca, me pide mi trabajo, se lo entrego. La tipa se cree un cuatro de julio y no llega a un treinta de febrero. Como domina el inglés, le fascina ridiculizar a los estudiantes. Desafortunadamente, ella es la única que da la clase de inglés comercial. Trato de venir a su salón bien preparada, de cumplir con todo lo que exige para no ser víctima de sus humillaciones. Todas las semanas asigna una composición. Con mi vena de poeta, me le voy por los vuelos de la imagen. La vieja se frustra. Hoy lunes, entrega los trabajos corregidos. Cuando llega mi turno, la muy potranca se me acerca, impulsiva rompe mis papeles en mil pedazos y los echa al zafacón. Pero no conforme con la ofensa, la ovaruda, me acusa de plagio. Quiere que confiese, delante de los estudiantes, a qué escritor le he robado las metáforas. Este ojo que me mira me ve atónita, muda, abochornada, reprimiendo las ganas de llorar o más bien de mandar a la potranca al mismito carajo. Total, me he matriculado en el programa de doble currículo, académico y comercial, porque la abuela cree que como soy tan fea no me voy a casar. La abuela insiste en que debo estar bien preparada para sostenerme por mi propio esfuerzo. La abuela dice que tendré que afrontar una vida en soledad. En parte se lo agradezco porque desde el séptimo vengo aprendiendo a pintar una mesa, clavar un clavo, aserrar una tabla, coser un vestido, tejer un pañuelo, bordar un traje, preparar un manjar. Ahora, con la Pesante al frente, cara de verduga, cara de diabla cornuda a quien no le importa que le diga que el trabajo es producto de mi cabeza, odio el programa comercial. Todo porque la Pesante no puede con el liviano peso de mi vuelo...

¡bendito día!

Este ojo que me mira, me ve de dieciséis, con traje de chifón azul caminando descalza por la orilla de la playa de Luquillo. Este ojo que me mira, me ve con indescifrable regocijo. Hoy celebramos el final de la escuela superior; celebramos el triunfo que nos abre nuevos caminos. Las cosas no pasan por azar. Hay un cómputo cósmico arcano que nos tira de las cuerdas. Somos los títeres del espacio. De planeta en planeta, jugamos el juego divino. La Pesante estaba programada. Por el tremendo bochorno que ella, futriaca de futriacas, me hace pasar frente a mis compañeros de clase, abandono la Superior Central. Por entonces, mi abuela rentaba una casa antigua y misteriosa, ubicada en las afueras de Cataño. Con esa casa tengo pesadillas recurrentes. Hay en ella un aposento largo como de hospital, minado de fuerzas malignas que me hacen retroceder cada vez que me acerco a la puerta. Desde la entrada, lo veo lleno de telas de araña, con camas colocadas en líneas, vestidas de cretonas con flores desteñidas. Hay un fuerte olor a pátina milenaria que abofetea mi cara cuando me acerco. Siento, a flor de piel, miradas extrañas de pupilas de otros tiempos, pupilas inquisitivas que me desnudan el cuerpo, monstruos, diablos, adefesios. Me retan; me achican, me acobardan. Como mi abuela y yo vivimos solas, tratamos de usar los lugares menos recargados de corrientes metafísicas. Mi abuela, preocupada porque me he dado de baja de la Central, insiste en que retome los estudios en la escuela superior de Bayamón. Juro que allí, el ambiente me agobia, me asfixia. Todo me parece tan impersonal. Nos enteramos, por mi padrino que viene a visitarnos, que van a abrir el Plan Morovis. Es algo nuevo, un sistema de educación superior por tareas, investigación, orientación y consulta con algunos profesores encargados de ciencias y humanidades. La idea me entusiasma porque lo mío es leer. Me animo a moverme a Morovis con mi tía y mi padrino. Me matriculo en el Plan. Así entran en mi vida de estudiante doña Pin Otero, Maggie Cabranes, Ricardo Quintero, Laura Montes, Melba Reyes, Luisa Jiménez... Pero nadie, absolutamente nadie, como Julio Charneco. A él el pueblo de Morovis le debe su escuela superior. Él y sólo él se merece una estatua en los jardines de la escuela. Míster Charneco, como le decíamos todos los chicos, era un amor; pero sobre todo comprensivo y respetuoso. Él es la estrella luminosa que guía el Plan. Él es la estrella luminosa que guía a los estudiantes. Al principio, toda clase o consulta de profesores se daba en un salón reducido en los bajos de la casa de don Miguel de León en la calle Betances esquina Comercio. Después, hicieron unos salones amplios con biblioteca y todo, al frente de lo que era la antigua escuela intermedia. Charneco tuvo una tremenda visión de futuro. Gracias a su orientación, pude rehacer el año perdido, aquel año pesado y pesante, porque él me preparó un plan para completar la escuela superior en dos años. De 1948 a 1950, me la pasé inmersa en los estudios compartidos con los quehaceres domésticos de lavar, remendar, planchar la ropa de toda la familia y, "sobre todo", filotear los malditos *kakis*, fregar platos, limpiar casa, bañar y atender a cuatro niños, la repelente rutina de vestir y desvestir las camas... Era la sirvienta de mi tía a cambio de poder terminar mis estudios. A ella le debo el odio feroz que le tengo a la plancha. A ella le debo el culto sagrado al *wash and wear*. Todos los días, terminados mis oficios, me sentaba a preparar las tareas de mis estudios. Mi única diversión era la iglesia donde me ocupaba de dar clases de catequismo, ensayar y cantar en el coro, además de otras responsabilidades del grupo de Hijas de María. Sería injusto olvidar a Manuel Torres. Fue por esos días que nos enamoramos a escondidas de mi padrino, que era un ogro. Nos apestillábamos en el cine los domingos en la tanda del matiné. En la última fila del cine, cogiditos de la mano, se nos volaba el tiempo. Pero todo terminó el día que Manuel quiso atajarme el paso cuando iba a la tienda de Telefo a comprar unas cebollas por mandato de mi tía. Manuel no se dio cuenta que mi padrino venía detrás de él. Mi padrino, al verlo cerrándome el paso, creyó que me faltaba al respeto y lo hartó a galletazos. Al otro día, lo vi en la misa con la cara llena de moretones. Jamás volvió a mirarme o a dirigirme la palabra; mi padrino le espantó el amor para siempre. No lo he vuelto a ver pero le guardo un rincón en mis recónditas moradas interiores con todo lo sublime de aquel inocente amor. No hay mal que por bien no venga. El incidente de Manuel, me hizo volcarme de lleno a mis estudios. Por fin, en mayo de 1950, nos graduamos los primeros seis estudiantes del Plan: Fidela Arce, Carmen Emilia Díaz, Alberto Negrón, Enrique Pantoja, Monserrate Torres y una servidora. Nunca olvido al flaco ojiazul de Enrique porque venía religiosamente a buscar los libros que yo compartía con él. Tampoco olvido la seriedad y el ensimismamiento indígena de Fidela, la cándida sonrisa de Monse o la timidez de Caemilia. Recuerdo que se comentó que obtuvimos los índices más altos en el examen de entrada a la IUPI. Como era una clase tan pequeña, no hubo una graduación formal. Nos obsequiaron un viaje a la Playa de Luquillo en una pisicorre, bajo la supervisión de Míster Charneco con almuerzo y vellonera encinta de mambos y boleros. En un restaurante típico, con el trasfondo musical de las inquietas olas, nos entregaron el simbólico rollito de papel amarrado con una cinta. ¡Bendito día para nosotros y para el pueblo de Morovis!

el amor se desovilla

Este ojo que me mira, me ve enfilar hacia la nueva rutina. Tomo la guagua que me lleva a la Universidad de Puerto Rico en la Parada Veinticinco. Busco un asiento vacío para que nada me distraiga. Estoy muy entusiasmada con la lectura de la novela *Désirée*. Este ojo que me mira, me ve arrinconada al final de un asiento, con los ojos concentrados en el texto. Estoy metida de lleno en la absorbente problemática de aquel amor imposible, frustración vital de Bonaparte, frustración vital de la pobre jovencita. Aunque Napoleón no lograra casarse con ella, por la tenaz oposición del padre a que entrara en la familia otro de los Bonaparte porque su hija Julie estaba casada con José, el Emperador, nunca puede olvidar a Désirée. La sigue muy de cerca a todas partes, conoce al dedillo los pormenores de su vida. Interviene para que su marido ocupe el trono de Suecia. Esta mujer fue para él, ese primer amor varado en las zonas boreales más íntimas del ser y él fue para ella un inmenso y tenebroso vacío. Estoy tan enfrascada en la novela que no me doy cuenta de que alguien se ha sentado a mi lado. Este ojo que me mira, me ve fijarme en la persona como el que no quiere la cosa. Se trata de un joven, tipo árabe, aparentemente muy alto, delgado, muy apuesto. Lleva uniforme del ROTC. Satisfecha la curiosidad, vuelvo a concentrarme en Désirée. El joven se interesa por la obra y me pregunta qué es lo que leo con tanto entusiasmo. Le hago algunos comentarios sobre la novela. El joven sigue preguntando. Cierro el libro, nos damos a la plática hasta que llegamos a la Universidad. Nos bajamos de la guagua justo frente a los portones de la entrada. Como vamos en direcciones opuestas, me despido cordialmente, él me pide que le preste la novela cuando la termine y, a tal propósito, me da su programa de clases. Al cabo de unos días, lo busco para regalarle la novela. A partir de entonces, empieza la otra historia de amor.

hace un hostos en mi trasero

Este ojo que me mira, me ve cara atónita, lela, eleta, fascinada. Estoy frente a la vitrina de González Padín, en el Viejo San Juan. Siempre en esta tienda-almacén, con ventas por departamentos, se botan arreglando las vitrinas para la época de Navidad. Este año montan una escena jíbara: romántica choza con techo de paja, el lechoncito en la vara, los compáis y comáis bailando el Seis Chorreao, un perro sato está en una esquina con los ojos como dos planetas del color de las brasas. Se gufea el espéctaculo. Se embriaga con el olor del lechón bien adobadito. Todo lo han montado con efectos de luces policromas, música y movimiento. Hay dos jíbaros, con los driles amarrados al tobillo con hollejos de plátano. Le dan vuelta al lechoncito sobre los carbones encendidos. Todo parece tan real que a uno, como al Quijote en el capítulo donde sale el recordado "Retablo de las maravillas", le dan ganas de meterse en la escena y ponerse a bailar. A uno le dan ganas de invitarse al sabroso lechoncito. Debe haber más de cien personas concentradas en el espectáculo. Me he olvidado del mundo. Muy tarde me doy cuenta de que hay un tipo detrás de mí haciendo un hostos en mi trasero. Siento la presión de su órgano erecto. El malandrín se está gozando, a plenitud, su impotencia sexual en mi cuerpo. El malandrín me está dando chino. El malandrín sabe que mi espíritu está en la choza saboreando los recuerdos. El malandrín, cuando lo descubro, desaparece como brizna que lleva el viento. Estos tipos calculan cualquier arremolinamiento en mercados, baratillos, huelgas, mítines politiqueros. Estos tipos calculan la concentración del sexo opuesto como si fueran gatos en celo. A los infelices, si tienen mujer, les pegan los cuernos. Necesitan la asistencia de un médico. Mientras tanto, los enfermitos, sueñan nalgatorios hasta en la despedida de un duelo.

andas conmigo... _____

Este ojo que me mira, me ve un signo de interrogación en las pupilas. Madre, alguien me pregunta si andas conmigo. Te las ingenias para estar a mi lado cuando sabes que te necesito. Las historias pueden ser interminables. La gente te ve al lado mío en las paradas de la guagua, en las tiendas, en los parques, en mi casa, en mi jardín o en las casas que visito... Andas conmigo por los cuatro puntos cardinales. En mi primer año de universidad, me retrasé un poco en llegar a la parada de la guagua porque fui a ver a una amiguita que habían operado de las amígdalas. La tenían recluida en el Auxilio Mutuo. Terminada la visita, cerca de las seis, me moví a la parada, frente al hospital. Para no perder tiempo, saqué un libro y me puse a leer mientras esperaba. El servicio de transporte público, por la década del cincuenta, era pésimo. Absorbida en la lectura, no me percaté de la llegada de un señor muy apuesto, tipo abogado o vendedor con su maletín de cuero negro. Me sacó de la lectura cuando me preguntó que a dónde se había ido la señora que hacía unos segundos estaba al lado mío. Insistía en que tenía que ser mi madre porque éramos idénticas. Le contesté que andaba sola. El señor movía la cabeza con un no puedo creerlo, pensaba que yo le estaba tomando el pelo. Para que no creyera que le había faltado al respeto, le dije que mi madre estaba muerta. Le dije que no era él, la única persona que la viera junto a mí. El tipo agarró el maletín y se desapareció. Unos meses después, antes de escaparme para la Ciudad de los Rascacielos, fui a la New York Department Store de Santurce a comprar un pañuelo de seda para llevárselo de regalo a la tía Lucy. A ella le encanta revestir los abrigos de invierno con pañuelos finos. Lo sé porque la he visto en retratos. Llegué a la tienda, hice la selección del pañuelo y fui a pagarlo. La dependienta me preguntó qué se había hecho de la señora que estaba conmigo mirando los pañuelos. Aprendida mi lección, le contesté que se había ido al departamento de ropa interior. Este es un país de explicaciones, a la gente le encanta que se le sacie la impertinente curiosidad. Cuando me preguntan por mi madre, he aprendido a responder con lo que corresponda a la situación. En la Muralla de Berlín, una pareja que se alojaba en el mismo hotel, nos saludó a las dos justo el día del cambio de la moneda, las dos guardamos silencio. Madre, ¿qué misterio de amor y de agonía, habita los astros de nuestros cuerpos para seguir recorriendo juntas los azarosos caminos del universo?

nena, la teta... _____ 6 ✓

Este ojo que me mira, me ve con la preocupación del que no debe perder la parada. En fracción de minuto se cierra la puerta. Me bajo de la guagua en la Veintidós. Tomo la calle Del Parque para llegar por el Colegio de los Sordomudos a la calle Taft donde me hospedo en mi primer año de universidad. Un bandolero o a la mejor, debo decir un enfermo, que me ha estado mirando con descarada insistencia al punto de desnudarme con los ojos, se baja de la guagua en la misma parada. Siempre he sido dulce para estos sensualitos. Me hago la cuenta que el tipo va a tomar un rumbo diferente al mío; pero no, para mi desgracia, enfila por la Del Parque tratando de aparejarse conmigo como si fuera novio, amigo, o conocido. Me le adelanto estirando el paso sin perder el equilibrio, me sigue, estirando el paso sin perder el equilibrio. Este ojo que me mira, me ve con cara nerviosa, ansiosa, cara de recelo, aprensión, cautela, cara de miedo porque he ido poco a poco conociendo a estos tipos, la IUPI está llena de ellos. Oigo que el bambalán me dice en un susurro casi al oído: –Nena, déjame chuparte una teta. Se me contraen los músculos. El susurro me aterra. El tipo me repite, –Nena, déjame chuparte una teta. Me acomodo bien los libros,me preparo para la carrera. Embalo como ánima que lleva el diablo. Soy gamo de olimpiada calle abajo, gamo de olimpiada que se pierde en los jardines del colegio de sordomudos. Afortunadamente, el tipo no se atreve a seguirme tras la verja. Desde lejos me grita, –Nena, la teta. Nena, la teta... Demonios, por qué seré néctar para estos abejones de colmena. Estoy que pico. Pierdo la compostura, yo también le grito con toda mi fuerza, –¡Mal rayo te parta, so fresco de mierda!

con los ojos ausentes

Este ojo que me mira, me ve tantas veces en las nubes, astronauta
flotando en las íntimas galaxias del amor. Estoy locamente ena-
morada. Hay órdenes de no mirar a los hombres antes de termi-
nar los estudios, órdenes de tener que integrarse, con urgencia,
a la fuerza de trabajo, órdenes de que no piense ni remotamente
en el sexo opuesto. Alguien le ha contado a mi padrino que me
ha visto cogida de manos con un chico universitario. ¡Se cae el
niño de la cuna! Alguien le ha dicho que nos sentamos debajo
del legendario mangó de los te amo y nos amamos. Alguien
insiste en que nos ve bajo el mangó de me tiemblan las rodillas
a la vista del amado, bajo el mangó, de tengo los ojos ausentes,
bajo el mangó, de se me escapan las palabras. Alguien le ha
dicho que me invade el silencio cuando me arropan las pupilas
del chico que amo. Alguien me ha visto allí, bajo el mangó
legendario, donde un estudiante me confundió con su novia y
me dio tremendo beso. El pobre venía ciego, desbocado. Con
una ensarta de perdones fue retrocediendo, tropezó con otro y
cayó, majo vestido, sobre el asfalto. Julia Chévere, amiga de
confiar, me dice, –Tu padrino te anda buscando. Este ojo que
me mira, me ve asustada, como pañuelo blanco, con terror de
"me llevó quien me trajo". Julia insiste, –Dice que donde aga-
rre al mequetrefe de novio que tienes, lo harta a galletazos.
Ahora me zurro, me encojo, me achico, me enano. Reaccio-
no. Calculo el, ¿qué hago? Me siembro en un rincón de la
biblioteca, entre los anaqueles de diccionarios. Pierdo el exa-
men que tenía esa tarde para no exponerme al encuentro con
mi enfurecido y celoso padrino. Pierdo el examen que se con-
vierte en la recurrente pesadilla del fracaso. No me escapo. En
el fin de semana me confiesan, miento descaradamente. Ahora,
el amor no es lo mismo. El mangó sabe a paranoia, a premoni-
ciones de holocausto. No importa, el viaje está planeado. Mi

padrino tiene que entender que no soy posesión de nadie. Soy un camino que me voy a forjar sola, a como dé lugar. Enamorarse es parte de crecer, es la forma de entrar en relaciones claves para la madurez de la mujer. Ya no soy una niña. Tengo opciones. Tomo el último examen final en un memorable día de mayo. Luego, al aeropuerto. Este ojo que me mira, me ve tranquila sentada frente a la línea Pan American; leo el *Puerto Rico ilustrado*. Cuando termino de leer, me entrego a la fantasía de un mundo nuevo, a la fantasía de la gigante mujer, con el brazo en alto. Ella me espera en la Ciudad de los Rascacielos. Ella es mi ruta a la liberación.

miss Liberty

Este ojo que me mira, me ve caminando en la fila de pasajeros, me percibe un tanto asustada. Tengo la aprehensión del primer viaje. Este ojo me ve asustada abordo del pájaro de metal. Quiero demostrarle a mi padrino que los seres humanos no son posesiones, son caminos. La tía Lucy me espera en el aeropuerto. A los dos o tres días de estar en la Gran Urbe consigo empleo con un judío nervioso, taciturno. En su fábrica, reparto materiales a los que hacen billeteras de cuero. Un día él y yo somos los últimos en tomar el elevador. Sé que me ha tomado cariño. De camino al tren, me cuenta algo de su historia. Allá, en su país de origen, vio arder, en tumba común, a toda su familia. Desde entonces, lo habita la soledad. Repaso la diáspora; no entiendo el holocausto. En la Gran Urbe comprendo los dolorosos choques de la vida. En la casa de mi tía se hospeda una ladrona. Dos veces me limpia la cartera. La desgraciada, sabiendo que no tengo plata, me deja presa en un restaurante de la 159. El dueño me permite llamar a mi tía, quien afortunadamente está de vacaciones. Ella viene a rescatarme. Estoy furiosa. Le digo, indignada, que tenemos que agarrar a la pilla. Mi tía me calma. Por la tarde, cuando llega la bordante, le cuento lo sucedido. La criminal se queda fresca como una lechuga. Le digo que al siguiente día vamos a hacer el experimento de la vela. Pregunta, –¿Qué es eso? Le explico que nos sentaremos todos a la mesa con una vela prendida que se coloca al centro y el pabilo apunta al pillo. Esa misma noche recoge sus motetes y se larga. Mi tía me cuenta que la semana anterior se habían desaparecido los cien dólares de la compra. No quería decirlo por temor a ofenderme. En la Gran Urbe los hombres que me invitan a salir quieren terminar en la cama. Gracias al mito de la virginidad, tan arraigado en la Isla por los años cincuenta, gracias a que estoy enamorada, me salvo de una catástrofe. En la Gran Urbe me extasío con el *collage* de los extranjeros, soy una más entre ellos. Intuyo a los miles de maniáticos depresivos y agresivos que cruzan las arterias subterráneas. Al cabo de unos meses, abandono el trabajo del judío porque me ofrecen algo mejor en las oficinas centrales de Louis Marks, el magnate de los juguetes. Allí valoran mi talento de archivera. Allí, con ese gran hombre, en la fiesta de Navidad que da a los empleados, aprendo una lección que jamás olvido, en nuestro diálogo comenta, –A los niños se les dan juguetes que no sean costosos con frecuencia, digamos cada dos semanas. Claro, si el bolsillo lo permite. Esa es la mejor forma de mantenerlos entretenidos, contentos. Es un error esperar a la Navidad para darles montones de juguetes. Dentro de unos días les pierden el interés. En la Gran Urbe, minada por la soledad, aprendo a soñar con los cocuyos, mito de luz para las íntimas tinieblas. Allí, me nacen enormes alas y con ellas retorno a la universidad.